"Frances Frei e Anne Morriss são as melhores e passam uma nova visão dos desafios de liderança mais importantes do nosso tempo: fazer grandes mudanças acontecerem, construir organizações em que todos possam sair da inércia e resolver problemas difíceis em uma contagem regressiva contra o tempo... e o tempo urge."

— **TYRA BANKS,** supermodelo e empreendedora; fundadora da SMiZE & DREAM

"Este manual prático mostra aos leitores como acelerar a mudança e transformar as organizações, ao mesmo tempo que incentiva uma cultura de confiança, inclusão e resolução colaborativa de problemas. É recurso essencial para qualquer líder que busca inspiração e ferramentas para conduzir sua equipe a novos patamares de excelência."

— **KATHLEEN HOGAN,** vice-presidente-executiva e diretora de recursos humanos da Microsoft

"*Seja Rápido & Conserte as Coisas* é uma obra-prima sobre confiança, liderança e negócios que Frei e Morriss nos deram. É uma leitura necessária para quem quer construir culturas audaciosas e de alto desempenho."

— **BILL MCDERMOTT,** presidente e CEO da ServiceNow

"A vitória reside na velocidade, mas apenas se você combiná-la com estratégia, confiança e respeito por todos no jogo. Frei e Morriss compartilharam generosamente o roteiro de como ser rápido ao mesmo tempo que se ganha destaque como equipes e organizações."

— **NADIA RAWLINSON,** presidente operacional da Chicago Sky (WNBA)

"*Seja Rápido & Conserte as Coisas* nos convida para uma conversa que todos os líderes deveriam ter: como criar as condições para que as pessoas possam prosperar de forma verdadeira e sustentável."

— **BECKY SCHMITT,** vice-presidente-executiva e diretora de pessoas da PepsiCo

"Frances Frei e Anne Morriss escreveram um guia divertido, superprático e detalhado para liderar mudanças duradouras rapidamente."

— **HUBERT JOLY**, professor sênior da Harvard Business School; ex-presidente e CEO da Best Buy; e autor de *O Coração do Negócio*

"Com *Seja Rápido & Conserte as Coisas*, Frei e Morriss fizeram o impensável: escreveram um livro que fará você ansiar pelas segundas-feiras."

— **MEENA HARRIS,** fundadora e CEO da Phenomenal Media

"A equipe Frei/Morriss superou as expectativas mais uma vez! *Seja Rápido & Conserte as Coisas* é um livro notável e perspicaz que o ajudará a acelerar a mudança dentro de sua organização, ao mesmo tempo que constrói confiança e desencadeia o potencial de seu efetivo. Recomendo a leitura desta obra-prima sobre liderança."

— **STEPHEN M. R. COVEY,** autor best-seller de *A Velocidade da Confiança* (Editora Alta Books)

"Frei e Morriss reescreveram o manual da mudança. Jogue Os 8 Passos fora, esqueça a Estrutura 7S e prepare-se para descobrir o caminho mais rápido para renovar sua organização. Com um plano claro de como passar sua semana útil, elas facilitam o processo de manter tudo nos eixos. No entanto, o mais importante é começar *hoje*. Cheio de histórias envolventes e insights inesperados, *Seja Rápido & Conserte as Coisas* não decepcionará o crescente número de fãs desta incrível dupla."

— **AMY C. EDMONDSON,** professora de liderança e gestão da Novartis na Harvard Business School; autora de *A Organização Sem Medo* (Editora Alta Books)

"Frei e Morriss são mestres da mudança organizacional positiva, e *Seja Rápido & Conserte as Coisas* é um guia prático para fazer exatamente isso. É difícil encontrar conselhos acessíveis e fáceis de aplicar sobre como liderar mudanças, e eu não poderia recomendar um livro melhor. Uma dobradinha incrível com *Unleashed*."

— **CLAIRE HUGHES JOHNSON,** ex-diretora de operações e atual diretora corporativa e consultora da Stripe

"Os valores de 'confiança' e 'rapidez' de Frei e Morriss são fundamentais em qualquer ambiente próspero. Seus conselhos são inestimáveis para qualquer um que esteja tentando causar impacto no trabalho."

— **MARC LORE,** empreendedor em série; fundador, presidente e CEO da Wonder

"*Seja Rápido & Conserte as Coisas* revela o segredo para conduzir mudanças duradouras sem sacrificar a velocidade. Este guia revolucionário equipa os líderes com as ferramentas para resolver seus problemas mais difíceis, criar uma cultura de alto desempenho e se comunicar com impacto — tudo isso mantendo uma velocidade emocionante."

— **SARAH PFUHL,** conselheira-geral global de contencioso, execução regulatória e investigações do HSBC, da sede em Nova York

"Frei e Morriss têm o hábito de nos deixar perplexos com os insights mais estratégicos, ao mesmo tempo que lhe dão ideias práticas e tangíveis que você pode usar na reunião de amanhã. Dou este livro a todos os meus que estão tentando construir organizações que não apenas perdurarão, mas também florescerão e prosperarão em um futuro definido por velocidade, incerteza e possibilidades ilimitadas."

— **DARA TRESEDER,** diretora de marketing, Autodesk

SEJA *RÁPIDO* & CONSERTE AS COISAS

SEJA *RÁPIDO* & CONSERTE AS COISAS

Frances Frei
& Anne Morriss

O GUIA DO LÍDER
CONFIÁVEL PARA RESOLVER
PROBLEMAS DIFÍCEIS

ALTA BOOKS
GRUPO EDITORIAL
Rio de Janeiro, 2024

Seja Rápido e Conserte as Coisas

ISBN: 978-85-508-2489-5

Translated from original Move Fast & Fix Things. Copyright © 2023 by Frances Frei e Anne Morriss. ISBN 978-1-64782-287-3. This translation is published and sold by Harvard Business Review Press, the owner of all rights to publish and sell the same. PORTUGUESE language edition published by Starlin Alta Editora e Consultoria Eireli, Copyright © 2024 by Starlin Alta Editora e Consultoria Eireli.

Impresso no Brasil — 1ª Edição, 2024 — Edição revisada conforme o Acordo Ortográfico da Língua Portuguesa de 2009.

Dados Internacionais de Catalogação na Publicação (CIP)
(BENITEZ Catalogação Ass. Editorial, MS, Brasil)

F932s
1.ed. Frei, Frances
Seja rápido e conserte as coisas : o guia do lider confiável para resolver problemas dificeis /Frances Frei, Anne Morriss ; tradução Rafael Surgek. - 1.ed. - Rio de Janeiro : Alta Books, 2024.
192 p.; 15,7 x 23 cm.

Título original: Move fast & fix things.
ISBN 978-85-508-2489-5

1. Cultura organizacional. 2. Gerenciamento de pessoas. 3. Equipe de trabalho. 4. Liderança. 5. Mudança organizacional. 6. Soluções de problemas. I. Morriss, Anne. II. Surgek, Rafael. III. Título.

05-2024/43 CDD 658

Índice para catálogo sistemático:
1. Liderança : Soluções de problemas : Administração 658
Aline Graziele Benitez - Bibliotecária - CRB-1/3129

Produção Editorial: Grupo Editorial Alta Books
Diretor Editorial: Anderson Vieira
Editor da Obra: José Ruggeri
Vendas Governamentais: Cristiane Mutüs
Gerência Comercial: Claudio Lima
Gerência Marketing: Andréa Guatiello

Assistente Editorial: Isabella Gibara
Tradução: Rafael Surgek
Copidesque: Cibelle Ravaglia
Revisão: Kamila Wozniak
Diagramação: Alice Sampaio

ALTA BOOKS
GRUPO EDITORIAL

Rua Viúva Cláudio, 291 — Bairro Industrial do Jacaré
CEP: 20.970-031 — Rio de Janeiro (RJ)
Tels.: (21) 3278-8069 / 3278-8419
www.altabooks.com.br — altabooks@altabooks.com.br
Ouvidoria: ouvidoria@altabooks.com.br

Editora **afiliada à:**
ASSOCIADO

Para Alec e Ben, novamente
e sempre: que vocês sejam
pacientes com o amor e
impacientes com o progresso.

"E se eu cair?"
Ah, minha querida.
"E se você voar?"

— Erin Hanson

SUMÁRIO

PREFÁCIO

Não estamos aqui para dizer que você ou sua empresa estão quebrados. Estamos aqui para conhecer a que pé nossos leitores estão em sua experiência de tentar melhorar as coisas, e o ponto de partida para a maioria das aventuras na mudança organizacional é que "algo precisa ser *consertado*".

Uma pedra angular do nosso trabalho é que a liderança é prática de humanos imperfeitos liderando humanos imperfeitos. Se vocês aceitarem isso como um ponto de partida razoável, é natural que qualquer coletividade de humanos constrói organizações imperfeitas. Neste livro, esperamos que essas imperfeições seja um convite à sua curiosidade. Somente quando tocamos a superfície da profundeza de nossas experiências, somente quando investigamos onde as boas intenções falharam é que podemos começar o trabalho de melhorar as coisas. Como revelaremos nas páginas a seguir, acreditamos que essa é uma busca profundamente otimista.

Também fazemos um convite para serem impacientes com o progresso. Elaboramos este livro para ser um guia rápido e divertido para resolver problemas difíceis e acelerar o ritmo da mudança. É um manual concebido para disponibilizar os recursos que tornam os problemas solucionáveis — coisas como energia, criatividade e até alegria. São coisas que podem parecer difíceis de acessar agora, já que todos tentamos viver e liderar passando por níveis históricos de incerteza. E, no entanto, sem elas, temos poucas chances de prosperar.

Esperamos que vocês leiam o livro, é claro, mas também esperamos que *ajam* — que testem, apliquem e melhorem essas ideias em suas próprias vidas e locais de trabalho. Nossa ambição é apoiá-los no percurso. Queremos estar ao lado de vocês na parte mais desafiadora e radical do caminho da liderança, a parte em que transformam esperanças e sonhos em fazer a diferença na vida de outras pessoas.

Em nosso último livro, *Unleashed*, apresentamos um novo modelo de liderança baseado no princípio de empoderar os outros, não como uma escolha estilística, mas como a base de seu sucesso como líder. Nesta obra, mostramos como aplicar toda a força da liderança do empoderamento e alcançar resultados em tempo recorde. Nossos maiores fãs chegarão até mesmo a reconhecer algumas histórias e alguns exemplos do *Unleashed*, que revisitamos aqui por um ângulo diferente e mais prático. Se não for pedir muito, sugerimos que leia os dois livros, na ordem que mais lhe convier.

Para cumprir a missão desta obra, estamos cientes de que nos baseamos nos alicerces sólidos dos especialistas em liderança da mudança que nos influenciaram profundamente, tanto em seu trabalho quanto em seu compromisso com o impacto: gigantes como Rosabeth Moss Kanter, John Kotter, Mike Tushman e Linda Hill. Eles têm muito a ensinar a todos nós, e você deve devorar o trabalho deles, como nós fizemos, com gratidão e admiração ainda maior que a de costume. Estamos entrando em uma conversa na qual eles avançaram profundamente, porque em décadas, séculos e até milênios no estudo da liderança, ainda aprendemos coisas novas todos os dias.

Mais uma vez, é nosso privilégio, compartilhar esses insights com vocês.

INTRODUÇÃO
Confie na Gente, Dá para Consertar

A rapidez adquiriu má reputação nos negócios, e com merecimento. Quando a Meta (anteriormente Facebook) imprimiu pôsteres alegres na empresa com os dizeres "Seja rápido e quebre as coisas", gerou-se a conversão mais visível de uma crença amplamente difundida: podemos progredir ou cuidar das pessoas, uma coisa, ou outra. Um certo grau de turbulência é o preço que temos que pagar para inventar o futuro.

Passamos grande parte da última década ajudando as empresas a superar essas turbulências, e uma das principais lições do nosso trabalho é que o trade-off no núcleo dessa visão de mundo é falso. Os líderes mais eficazes resolvem problemas em ritmo acelerado, ao mesmo tempo que assumem responsabilidade pelo sucesso e pelo bem-estar de seus clientes, funcionários e acionistas.

Eles são rápidos e *consertam* as coisas.

Como fazem isso? Em suma, investem o máximo de tempo e energia na construção de confiança — e às vezes na reconstrução dela — e na velocidade de construção. A velocidade libera a energia da sua organização e revela seu rumo. A confiança convence os stakeholders a subirem a bordo. Pense no que está criando como um avião decolando para um novo destino: ninguém embarca sem confiar na aeronave e sem velocidade suficiente você nem alça voo.

Uma História Memorável que Ilustra os Temas Deste Livro

Em um livro de negócios convencional, faríamos uma pausa neste momento para um conto aspiracional, mas acessível, que dá concretude a nosso ponto de vista, algo meio novelesco para reter sua atenção. Cumpriremos esse contrato implícito nos próximos capítulos, que estão repletos de histórias e exemplos ressonantes. Porém, como não somos boas no que é convencional e este livro é sobre *você*, primeiro vamos convidá-lo a refletir sobre sua vivência de velocidade e confiança.

Veja a Figura I-1. Nela, há o que chamamos de nosso *mapa de CONSERTO*, nossa visão dos requisitos para a excelência *rápida e iterativa* (sacou?) O mapa apresenta as quatro trajetórias potenciais da sua empresa: Excelência Acelerada, Stewardship [Administração] Responsável, Disrupção Imprudente e Declínio Inevitável. À primeira vista, em que ponto desse framework você colocaria sua organização? Você está avançando rápido ou devagar? Está ganhando ou perdendo a confiança de seus stakeholders mais importantes? Não pense demais; basta escolher um dos quatro quadrantes. Como bônus, desenhe os dois eixos em uma folha de papel em branco e coloque-se em um único ponto.

Figura I-1

mapa de CONSERTO

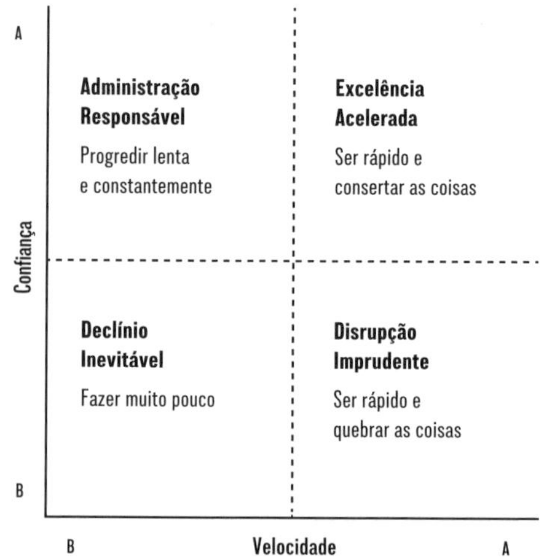

Falamos desse assunto com inúmeros líderes e, com base nisso, nossa previsão é: alguns de vocês já estão na Excelência Acelerada. Gera-se valor alto e crescente para seus stakeholders, incluindo seus funcionários. Você e seus colegas têm criatividade e ânimo no trabalho, sem tirar os olhos da realização. Se isso descreve sua organização, é hora de parabenizá-lo. Dê este livro a outra pessoa ou continue lendo para obter nossos melhores conselhos sobre como se manter nesse patamar (ou para atestar seus bons instintos e escolhas).

Todavia, se podemos ser diretas — outro mau hábito nosso — é improvável que seja o seu caso. É mais provável que esteja em Administração Responsável ou em Disrupção Imprudente, bem longe de seu impacto potencial ou causando muito dano colateral à medida que corre em direção aos seus objetivos. E pode ser que esteja até mesmo em Declínio Inevitável, sem a vantagem da confiança *nem* da velocidade. A Figura I-2 o ajudará a descobrir sua localização atual.

Figura I-2

Qual quadrante melhor descreve sua organização?

Agora reflita sobre um momento organizacional em que o trade-off de estar em um desses quadrantes ficou claro para você, quando sentiu o custo em um nível visceral. Para quem está na Administração Responsável, pode ter sido algo como fadiga do processo ou saída indesejada de colegas talentosos. Se você estiver na Disrupção Imprudente, pode ter sido ansiedade em resposta às necessidades não atendidas do cliente. Por último, se está em Declínio Inevitável, pode ter se sentido mal por ir trabalhar, o que se tornou um ritual impregnado de frustração e ceticismo.*

Qual foi o custo desse momento para sua equipe? Para o cliente? Para *você*? E se você ou outra pessoa tivesse respondido agilmente à situação para fortalecer as relações no centro disso? O que teria acontecido? Como essa história, *sua* história, teria se desenrolado? Essas são as perguntas que animam este livro.

Agora vamos começar onde toda boa história de mudança começa: escolher como investir seu tempo.

Um Manual para Consertar as Coisas Rapidamente

Tivemos o privilégio de prestar consultoria para milhares de líderes em todas as camadas hierarquizadas — topo, meio, base — enquanto eles faziam o trabalho pouco glamouroso de mudar as coisas. Adentramos no ambiente turbulento de organizações supostamente planas e matriciais, onde toda a matricialidade dificultava a busca pela possibilidade. Após o expediente, nos reunimos com as equipes de mudança de cultura, que procuravam pontos de apoio para o progresso em organizações sobrecarregadas por um passado complicado e uma visão cética de futuro.

Observamos um padrão claro entre os líderes mais eficazes em consertar as coisas rapidamente, aqueles que abriram caminho para a Excelência Acelerada. Em um nível fundamental, esses líderes tinham uma relação distinta com velocidade e confiança. Eles tratavam o ritmo e o impulso como missão crucial e também se concentravam incansavelmente em ganhar e manter a confiança de seus stakeholders. Eles passavam pelas mesmas coisas que nos impedem, os mesmos medos e dúvidas, mas acreditavam que o antídoto para isso era uma ação rápida e construtiva de confiança.

---

* Persevere. Este não é um estado em que os humanos gostam de ficar por muito tempo, o que significa que você tem a ordem de mudança mais clara do mapa.

À medida que prosseguimos em nossa jornada de *como* esses líderes foram capazes de progredir, a relação entre confiança e velocidade ganhou um foco nítido para nós. Ambas não eram apenas fundamentais para o impacto da liderança, mas também havia um vínculo claro entre elas. Quanto mais confiança os líderes obtinham — tanto em sua própria liderança quanto nas organizações que estavam construindo — mais rápido conseguiam mudar as coisas de maneiras verdadeiramente duradouras. A confiança era a arquitetura cultural sobre a qual seu ritmo acelerado fora construído.

O que nasceu desta pesquisa foi um manual para corrigir problemas rapidamente, seja uma cultura de empresa quebrada ou um produto que não se encaixa mais perfeitamente no seu mercado. Quando aplicado em uma boa higiene geral da liderança, este manual oferece uma ordem de operações para resolver problemas difíceis com o nível de urgência que exigem. Organizamos o livro de acordo com este manual — um passo para cada dia da semana — e este é o trabalho que faremos juntos nas próximas páginas:

1. ***Segunda-feira: Identifique seu problema real.*** Comece expondo os obstáculos ao progresso, que podem não estar claros para você ou serem problemas que sabe como resolver.
2. ***Terça-feira: Priorize a confiança.*** Depois de garantir de que está lidando com o problema certo, projete uma solução de construção de confiança para ele, executando experimentos inteligentes e aprendendo rapidamente.
3. ***Quarta-feira: Faça novos amigos.*** Seu próximo passo será melhorar seu plano emergente aproveitando o conhecimento de outras pessoas, concentrando-se primeiro em pessoas que pensam diferente de você.
4. ***Quinta-feira: Conte uma boa história.*** Agora que você tem convicção em seu plano, é hora de contar uma história de mudança persuasiva que conecte o passado, o presente e o futuro da organização.
5. ***Sexta-feira: Seja o mais rápido que puder.*** Por fim, você empoderará todos ao seu redor a executar o plano em um ritmo acelerado — e com um risco reduzido de quebrar as coisas.

Nos próximos capítulos, mostraremos como seguir esse manual em sua própria organização e em um ciclo rápido de uma etapa por "dia". Começaremos a semana da mesma forma que você, com alguma intuição sobre o que precisa ser consertado. Em seguida, criaremos um plano viável para a mudança e o melhoraremos ainda mais, acolhendo o valor da diferença. Criaremos uma narrativa de mudança poderosa, que desbloqueará a energia e a imaginação das pessoas ao seu redor e, finalmente, transformará todo esse impulso em impacto rápido. Se fizermos nosso trabalho corretamente, você não terá apenas um roadmap [roteiro] para a Excelência Acelerada, como também estará no caminho certo, percorrendo essa estrada a uma velocidade emocionante.

Enquanto pisa no acelerador, abaixa o vidro e aumenta o som, vamos manter nossa parte do acordo e trabalhar para convencê-lo de que este é realmente o manual que fará a diferença. Ainda não estamos pedindo que acredite em nós (vamos mergulhar em duzentas páginas para chegar nesse ponto), mas esperamos que esteja disposto a nos ouvir e continuar lendo. Seguindo o plano, apresentaremos os estudos mais persuasivos e contaremos histórias sobre líderes de mudança e as empresas que transformaram. Entretanto, como já revelamos, a evidência com a qual *mais* nos importamos é a mudança que você criará em seu próprio local de trabalho. Vamos demonstrar, não somente dizer, que há algo valioso nisso, ajudando você a ser rápido e a consertar sua própria organização.

Nosso objetivo é proporcionar um manual para corrigir qualquer problema difícil rapidamente, onde quer que você o exponha dentro de sua organização. Este é outro desvio de conteúdo da maioria dos livros de administração (e dos outros livros que escrevemos). A maioria dos recursos que serão encontrados foca a solução de um problema funcional, por exemplo, como reformular sua estratégia ou tornar sua cadeia de suprimentos imune a incertezas. Mas a verdade é que não sabemos o tipo de problema que o afeta, e talvez você também não. O que *sabemos* é que seu problema é corrigível, provavelmente em um prazo bem mais curto do que pensa.

No momento em que você terminar a "semana", sua empresa estará avançando no ritmo que seus problemas reais exigem enquanto se torna uma organização confiável a nível de *sistemas*.

Descobrimos que a confiança organizacional depende da presença de autenticidade, empatia e lógica, da mesma forma que a confiança em pessoas.[1] Assim como a confiança pessoal, as organizações que estão perdendo confiança — ou deixando de ganhar tanta quanto poderiam — tendem a ficar instáveis ou *oscilar* em uma dessas três dimensões.

Exploraremos essas ideias com mais profundidade na terça-feira, mas com uma prévia: a má notícia sobre oscilações de confiança é que toda organização passa por isso em algum momento de sua história. E a boa é que isso é altamente consertável com a mentalidade certa e abertura ao aprendizado. A tese deste livro é que, seguindo nosso manual, você será capaz de identificar e corrigir as oscilações da sua empresa, desbloquear todo o potencial da sua organização e avançar mais rápido e mais longe do que jamais sonhou ser possível.

Como Ler Este Livro

Escrevemos esta obra para ajudá-lo a obter confiança, resolver problemas e acelerar a mudança — tudo ao mesmo tempo. O intuito é ser uma aventura cheia de ação para progredir rapidamente. Nas páginas a seguir, o desafiaremos a descobrir o que acontece quando se identifica e resolve seus problemas reais e se rejeita o ritmo hesitante e arrastado da mudança que muitas vezes se disfarça de prudência, mas normalmente é apenas *lentidão*.

Se o padrão se sustentar, não apenas sua organização será diferente no final deste livro — você também. Será mais eficaz na tarefa fundamental de liderança, que é criar as condições para que outras pessoas prosperem. Será capaz de construir e reconstruir a confiança a nível organizacional e de criar possibilidades em que outras pessoas acreditam, porque elas a vivenciam como uma mudança em sua própria realidade, não como uma ideia teórica em sua visão teórica. Você se tornará o tipo de líder para o qual as melhores pessoas querem trabalhar, porque se tornam ainda melhores quando estão perto de você.

Venha participar com a gente de um cronograma condensado de atividades para remover as barreiras mais intratáveis à excelência. É um exercício projetado para disponibilizar os recursos que tornam as empresas consertáveis — coisas como otimismo, imaginação e alegria. Nos capítulos a seguir, apontaremos de forma divertida que se pode fazer progressos significativos em uma única semana, às vezes até mesmo em um único dia de trabalho focado. Essa estrutura foi elaborada para ser divertida, veloz e incorporar as principais mensagens do livro: aja com urgência, seja extremamente ambicioso, conserte o máximo que puder ao longo do caminho. E, embora o trabalho de mudança às vezes seja integralmente sério, é possível evitar a armadilha de *se* levar a sério.

Na verdade, é improvável que em dias se mensure a mudança que está sendo liderada. A maioria de vocês levará semanas e meses para fazer esse trabalho, o que é perfeitamente razoável. O que não queremos é que isso leve *anos*. Muitos líderes arrastam esses tipos de atividades ao longo de um ano ou mais, ficando presos na pista de decolagem em uma variação da Administração Responsável que não faz sentido estratégico para suas organizações. Escolhem o ritmo lento e constante, justamente no momento em que precisam alavancar o metabolismo de sua empresa. Outros ignoram etapas fundamentais de obtenção de confiança em nome da urgência, apenas para desacelerar mais tarde, quando não têm escolha a não ser voltar e cuidar do estrago. Nossa provocação é que desafie esses padrões agindo rapidamente e, ao *mesmo* tempo, cuidando de si mesmo, de seus colegas e de seus stakeholders.

Também vamos desafiá-lo a eliminar a ansiedade e a autodistração que podem atrapalhar a Excelência Acelerada. Quando Frances estava ajudando a liderar um ambicioso esforço de mudança cultural na Harvard Business School — uma campanha para tornar a faculdade um lugar mais inclusivo para as mulheres — um colega bem-intencionado a chamou no canto antes de uma apresentação de alto risco e sussurrou: "Acho bom que isso dê certo." Em sua defesa, ele vinha sendo atacado por críticos há meses, mas naquele momento, o que ela precisava ouvir era um lembrete do propósito maior da liderança da mudança: sim, é importante acertar a mensagem (veja quinta-feira), porém a forma mais rápida de atrapalhar a liderança da mudança é torná-la centrada em você mesmo. Sua função mais importante agora não é ser bom; é garantir que as pessoas ao seu redor tenham uma chance de serem ótimas.

Sim, os riscos da mudança são reais — tão reais quanto para alguns de vocês, que estão lutando pelo futuro de sua empresa ou comunidade —, mas a versão de vocês que fará a diferença não está tão preocupada em obter a aprovação das pessoas, parecer um líder ou controlar eventos futuros. A versão de vocês que mudará as coisas é um ser flexível, livre e com os pés no presente, que não sabe o que vai acontecer (como poderia saber?), mas acredita que a mudança é importante o suficiente para seguir com ela.

Dedicamos nosso tempo ajudando os líderes a mudar e evoluir. Ninguém nunca nos disse: "Gostaria de ter demorado mais e feito menos." O que ouvimos repetidamente é o oposto. Se decidir continuar lendo e nos acompanhar nesta missão, aprenderá a dedicar menos tempo para fazer mais das coisas que fortalecerão seus relacionamentos, equipes e organizações. Sua missão não é consertar tudo (muito será consertado, de formas que podem surpreendê-lo e fasciná-lo). Do contrário, sua missão é convencer a si mesmo e as pessoas ao seu redor de que *tudo é consertável*, que podem se unir e resolver problemas difíceis que começam a atrapalhá-lo com complexidade sedutora e hipnotizante. É adotar a convicção do líder de mudança de que o momento mais importante é o *agora*.

Você Está no Lugar Certo?

Um aviso rápido antes de começarmos: este livro é para quem quer mudar as coisas. Se você já tem um pouco de influência formal em alguma esfera de sua organização, isso é útil. Mas, se for bom em gerenciar ou almeja uma plataforma de liderança maior, cole com a gente. Queremos falar com você também (e você pode ser mais poderoso do que imagina).

Queremos conversar com todos os líderes, atuais e futuros, que estão preocupados com o status quo e acreditam que há uma maneira melhor do que "aqui é assim que as coisas são". É uma conversa sobre evolução — evolução rápida — e não revolução. Se o seu instinto é jogar tudo para o alto porque não vê razão para ter esperança, podemos sugerir outros livros. Somos otimistas inveteradas, acreditamos que nossos melhores dias como a espécie mais colaborativa do planeta estão por vir.

Se o ceticismo é uma emoção recorrente no momento, sugerimos retomar este livro quando se sentir melhor. Sua desilusão pode ser sincera, mas a liderança da mudança pede que esteja em contato com sua capacidade de ação e de influenciar seu entorno, pede que você conheça o próprio poder de modo que, entre outras coisas, possa apresentar outras pessoas ao delas. Se não está sentindo isso, por qualquer motivo, então não dará certo. E se você *está* sentindo isso, gostaríamos de oferecer o incentivo adicional de que está exatamente onde deveria.

Sejam Rápidos em Conjunto

No prospecto de IPO que o Facebook apresentou em 2012, Mark Zuckerberg, o CEO, explicou a lógica por trás do compromisso da empresa de "ser rápido e quebrar as coisas". Segundo ele, "ser rápido nos permite construir coisas e aprender mais velozmente. No entanto, à medida que a maioria das empresas cresce, desacelera demais porque tem mais medo de cometer erros do que de perder oportunidades devido à lentidão".[2] Concordamos com a observação dele, mas, como esperamos convencê-lo nas páginas a seguir, essas não são as únicas escolhas. É possível construir e aprender rapidamente, evitando erros dispendiosos.

O próprio Zuckerberg parece ter acatado essa visão de mundo. Em 2022, dez anos após abrir o capital, anunciou que a empresa — agora chamada Meta — estaria sendo rápida *em conjunto*, operando com urgência e, ao mesmo tempo, "cuidando de nossa empresa e uns dos outros".** É importante frisar que aplaudimos essa mudança e somos incentivados por ela, e convidamos você para esta conversa porque esse tipo de guinada não pode levar dez anos. Na verdade, a linha do tempo deve estar mais próxima de uma semana do que de uma década.

Então, o que você vai fazer segunda-feira?

** Em 2014, o Facebook trocou a parte "quebrar coisas" por "com infraestrutura estável", ou seja, "Seja rápido com infraestrutura estável", um lema que, bem, nunca pegou.

1 SEGUNDA-FEIRA

Identifique Seu Problema Real

O CEO fundador de uma queridinha tech local aqui em Boston tinha o hábito de perguntar às pessoas na linha de frente de sua empresa em rápido crescimento: "O que você faria se tivesse meu cargo?" Isso sinalizava o respeito do CEO por sua equipe e o conforto de sua própria liderança. Também revelava as falhas na empresa que ele muitas vezes não enxergava por si mesmo. Ele acabava percebendo que suas opiniões sobre a companhia nunca eram verdades absolutas.

Bem-vindo à segunda-feira, que, assim como o resto deste livro, é tanto uma metáfora quanto uma sugestão que estamos fazendo de boa-fé. Você pode esperar por um momento mais sentimental para começar a se aventurar pela mudança organizacional, como o início do ano ou a reunião anual de parceiros. Ou pode receber o dom da renovação que surge a cada sete dias, também conhecido como segunda-feira.

A ambição de segunda-feira é achar o *problema*, palavrinha carregada que, em geral, atenuamos e neutralizamos no ambiente de trabalho norte-americano, usando substitutos mais palatáveis, como *questão* ou *oportunidade*. Gostamos de *problema* porque carrega um senso de urgência. A passividade diante de uma questão ou de uma oportunidade pode ser tolerada pela sociedade polida. Um problema exige nossa atenção.

Hoje, convidaremos você e uma equipe de caçadores de problemas para agir rapidamente e descobrir o que precisa ser consertado. É provável que já tenha alguma ideia do que é isso e, para alguns de vocês, essa certeza dará frutos. É possível que esteja lutando contra um incêndio metafórico — funcionários desapontados ou um concorrente em ascensão — e, talvez, pareça um passo relativamente simples identificar a foco das chamas.

Mesmo assim, vamos pressioná-lo a iniciar essa jornada. Segunda-feira é o dia de questionar as suposições e as histórias que impediram a Excelência Acelerada da organização. Se o padrão se mantiver, algumas das histórias às quais você se apega com mais força (somos uma meritocracia!) podem não ser tão verdadeiras quanto pensa.

Provavelmente, aqueles que estão na Disrupção Imprudente descobrirão que perderam a confiança de, pelo menos, alguns stakeholders (se estiverem no Declínio Inevitável, podem arredondar *alguns* para *todos*). Já aqueles que estão na Administração Responsável podem perceber que a taxa metabólica da empresa é muito baixa para sustentar sua ambição. Esses padrões maiores apareceram de alguma forma como "problemas", que é o que se está enfrentando hoje.

Hoje, convidamos você a focar atividades que o ajudarão a identificar a barreira mais significativa ao sucesso de sua organização. Durante o percurso, queremos que comece a praticar a sensação de ser rápido e consertar as coisas simultaneamente. A segunda-feira também é sua primeira chance de deixar claro para você e seus colegas que as condições existentes não são mais aceitáveis. O amanhã, sob sua supervisão, será melhor do que hoje.

PAUTA DE SEGUNDA-FEIRA

1. Escolha a curiosidade.
2. Monte uma equipe de solucionadores de problemas.
3. Investigue o obstáculo que impede você de avançar.
4. Escolha um problema para resolver.
5. Colete os dados do problema da organização.
6. Elabore um caso com os dados obtidos.
7. Saiba mais sobre seu problema.
8. Decida o que vai consertar esta semana.

Materiais Necessários para Hoje

- Curiosidade
- Conforto desconfortável
- Compreensão clara e comunicável da estratégia de sua organização
- Acesso fácil aos dados organizacionais
- Cinco a doze colegas com funções e perspectivas distintas*
- Um analista de dados
- Lanches de alta qualidade

*Os agilistas puristas, abençoados sejam, argumentarão que o tamanho ideal de uma equipe temporária e multifuncional como esta é entre cinco e onze pessoas. Honestamente, não podemos endossar um número tão estranho como onze, especialmente estando tão perto do doze, que é lindíssimo.

Escolha a Curiosidade

Hoje, o item mais importante da sua lista de itens essenciais é a curiosidade. Francesca Gino, nossa colega, elaborou um case rigoroso para o impacto transformador da curiosidade no espaço de trabalho, incluindo sua capacidade de minimizar erros, impulsionar a inovação, diminuir conflitos, melhorar a comunicação e, basicamente, estimular o desempenho.[1] Sugerimos que invista em sua curiosidade sempre que possível, pois é item obrigatório na segunda-feira. Pense na curiosidade como um recurso gratuito, abundante e renovável que aumenta drasticamente suas chances de enxergar as coisas com clareza.

Ser curioso parece fácil, mas eis a questão: curiosidade e julgamento não interagem de forma positiva. Na verdade, como Gino constatou, eles essencialmente *não podem coexistir*. Ou seja, para a maioria de nós, o primeiro passo para ser curioso é deixar de lado o julgamento, pedir à nossa parte julgadora que se afaste durante o dia e convocar a parte sem desconfiança e crédula em seu lugar — o cientista interior na missão de descobrir o que é real e verdadeiro sobre o mundo. Talvez faça algum tempo desde que você deixou essa parte assumir o controle (nos sentimos mais seguros quando o julgamento está no comando), então, reserve um momento para se acostumar com o novo status da curiosidade.*

Em nosso trabalho com organizações em constante mudança, às vezes achamos que é mais difícil para os líderes pararem de se julgar do que pararem de julgar as pessoas ao seu redor. Uma líder com quem trabalhamos tinha uma voz crítica interior tão feroz que até a batizamos de "Donna" e começamos a nos referir a ela de forma divertida na terceira pessoa, tipo "Donna não foi convidada para a próxima reunião". Donna não ligava se outras pessoas não tivessem todas as respostas, mas exigia um desempenho superior, desumano e sem falhas dessa líder, o que tornava a busca por problemas uma situação de alto risco.

Avançaremos e daremos a você e à sua própria versão de Donna as notícias ruins logo de cara, para que possamos nos livrar disso: sua organização não é perfeita e você provavelmente teve alguma coisa a ver com essa imperfeição. É possível que tenha focado o que gosta de fazer, não o que precisa fazer, tenha aceitado a mediocridade para evitar conflitos ou contratado muitas pessoas que são como você, hábitos de conforto em vez de estratégia. Tudo isso o torna humano, uma condição pela qual precisará

---

* Nesse ponto, invocamos a teoria da "mente múltipla" do Dr. Richard "Dick" Schwartz, conhecida como Sistemas Familiares Internos. Em nosso trabalho de coaching de líderes, às vezes nos referimos a ele como "Tio Dick", veja um exemplo: "É isso que achamos que o Tio Dick diria sobre isso..." Dick, se isso o deixa alarmado, ligue para a gente.

se perdoar. O que importa agora é a sua vontade de não perder nada de vista e fazer algo sobre o que encontrar.

TESTE DE CORAGEM: Prossiga quando estiver profundamente curioso sobre o que pode ser descoberto hoje.

Monte uma Equipe de Solucionadores de Problemas

Ao iniciar a busca pelo problema certo a ser resolvido, sugerimos que crie uma equipe provisória que seja capaz de ajudá-lo a enxergar a organização com mais clareza. A equipe coletará informações de ainda *mais* pessoas, ou seja, uma porcentagem saudável de seus membros deve ser boa em observar e honrar as experiências dos outros. Os membros devem ser ouvintes habilidosos e empáticos, confiantes e não podem ficar nervosos diante das emoções de outras pessoas. *Não devem* ficar excessivamente impressionados com você ou com seus colegas de status mais elevado.

Em nosso trabalho, chamamos essas pessoas de *âncoras de empatia* (mostram empatia mesmo nas condições mais estressantes), e a capacidade delas de se sintonizar com o ambiente será inestimável hoje. Reúna uma massa crítica de âncoras de empatia e, em seguida, complete o resto da equipe de um modo que faça sentido para você, o que provavelmente envolve incluir diversidade funcional e demográfica. Se perceber que faltam mulheres, funcionários mais jovens, pessoas de produto, e assim por diante, equilibre isso. É mais provável que se alcance a missão de segunda-feira — e qualquer outra missão — com pessoas que não pensam da mesma forma ou que têm perspectivas semelhantes sobre o negócio, um padrão que vamos explorar com mais profundidade juntos no final da semana.

Quando Michele Buck, CEO da Hershey's, começou sua campanha para transformar o negócio em uma "potência das guloseimas", uma parte brutal e competitiva do orçamento alimentar norte-americano (preferimos guloseimas a refeições aqui nos Estados Unidos), reuniu uma equipe temporária para ajudá-la a se concentrar e fomentar sua ambição. Os critérios de seleção de Buck incluíam conforto com mudanças e riscos, que não se alinhavam convenientemente com as pessoas em posições elevadas. Segundo ela, "a maioria das pessoas não adora mudanças. Não adora a ideia de grandes transformações e assumir grandes riscos, porque obviamente pode haver uma desvantagem [...] procurei em toda a organização, e encontrei pessoas que mostraram evidências de [...] serem capazes de antever o futuro e o rumo que as tendências estavam tomando. Assim, podíamos analisar alguns de nossos pontos mais fortes e como alavancá-los plenamente".[2]

Buck montou uma equipe de nove pessoas, com cargos e níveis variados, que a ajudaram não apenas a diagnosticar problemas, mas também a resolvê-los. E, apesar de os direitos de decisão do grupo serem imprecisos, Buck garantiu que a empresa "ouvisse o que essas pessoas pensavam... porque acho que muitas vezes esses pensadores verdadeiramente disruptivos podem não ser ouvidos".[3] Ela conectou os disruptores com agentes excepcionais a fim de garantir que as ideias se transformassem em projetos e, finalmente, em mudanças transformadoras, a sequência que nos orienta ao longo deste livro.

Ao recrutar sua própria equipe interna de pensadores inovadores e empáticos, faça uma minuta de membros da equipe. Em seguida, imagine todos juntos, em potenciais conversas difíceis sobre o que é *realmente* verdade, o que *realmente* está acontecendo na organização, que rumo a empresa está *realmente* tomando (ou está sem rumo) sem uma mudança significativa na visão, na estratégia ou no comportamento. Como Lauren Collins Scott, diretora-executiva de design da IDEO, icônica empresa de design e nossa amiga, gosta de dizer: "Olhe ao redor da sala e pergunte: 'Quem está faltando?' As pessoas que tomam decisões refletem a organização mais ampla e a base de consumidores?" É um bom momento para praticar a criação de equipes de *pessoas talentosas e ainda desconhecidas*, uma habilidade de liderança pouco desenvolvida para a maioria de nós.

Para concluir, equipes precisam de nomes, então escolha um que transmita ascensão profissional e energia inspiradora. Uma equipe com a qual trabalhamos chamou o grupo de "Equipe de Greve Cultural", e o nome foi certeiro. Outra escolheu "Fórum", para intrigar as pessoas e passar certa seriedade ao exercício. A ideia é despertar o interesse, se não a empolgação, quando seus recrutas receberem o convite por e-mail. Pense menos em conversas corporativas, mais em aventuras excelentes. Você ganha pontos bônus por criar possibilidades desafiando as normas não ditas de linguagem da sua organização.

TESTE DE CORAGEM: Prossiga quando tiver montado uma equipe de solucionadores de problemas e a batizado com um nome digno de sua missão.

Investigue o Obstáculo que Impede Você de Avançar.

Quando Marcel Proust, romancista francês do século XIX, (supostamente) redigiu seu famoso questionário, a ideia do exercício era apresentar uma lista tão impactante de perguntas que revelaria a verdadeira natureza do entrevistado. A conversa era muito maçante nas salas de estar de elite que Proust frequentava, e suas perguntas foram criadas para que seus amigos ficassem mais interessantes. Elas tinham instruções duradouras e favoritas de diálogo, como "Qual é a característica que você mais odeia em si mesmo?"

Agora convidamos você a ter uma conversa proustiana com seus colegas, que o ajude a descobrir a verdadeira natureza de sua organização. Em termos práticos, o objetivo dessa reunião é elaborar uma lista de problemas que precisam ser corrigidos. Você pode ser tentado a fazer coisas que pareçam mais "de líder" nesta fase — como contratar consultores sofisticados que darão a opinião *deles* —, mas asseguramos que a forma mais rápida e eficaz de identificar problemas é tendo uma conversa qualificada, direta e sem filtros com as pessoas que os estão vivenciando.

Figura 1-1

Perguntas matinais de segunda

Pessoas

- Do que as pessoas *mais* gostam trabalhando nessa empresa? E do que gostam *menos*?
- Descreva as características da pessoa com maior probabilidade de sucesso nesta empresa.
- Quais são as emoções que você observa com mais frequência em seus colegas?
- Cite algumas razões comuns que fazem pessoas boas saírem da empresa. Há algum padrão nisso?

Estratégia

- Quem são os nossos clientes? Por que nos escolhem em vez de nossos concorrentes?
- Cite motivos comuns que nos fazem perder bons clientes. Há algum padrão nisso?
- Estamos buscando quais oportunidades de forma mais eficaz? Estamos buscando pouco ou negligenciando alguma oportunidade importante?

- Quais ameaças ao negócio estamos abordando de forma mais eficaz? Estamos dando pouca atenção ou negligenciando alguma ameaça importante?
- Do que nossos fornecedores *mais* gostam trabalhando conosco? E do que gostam *menos*?
- Como organização, estamos fazendo algo que não pode ser justificado com base no retorno esperado?

Capabilidades

- Como organização, somos *bons* na resolução de quais problemas? E em quais somos *ruins*?
- Em que momento nossos sistemas e processos *fazem* o que queremos de forma confiável? E em que momento *não fazem*?
- Como organização, há algo que devemos fazer melhor? Há coisas que não sabemos fazer, mas deveríamos saber?

Cultura

- Como nossa cultura prepara as pessoas para terem sucesso em suas funções?
- Nossa cultura já atrapalhou o sucesso do nosso pessoal? Se sim, como?
- Quais atitudes ou comportamentos devem ser adotados mais amplamente?
- Como você descreveria nossa cultura para alguém de fora da organização?

A Figura 1-1 é uma lista de exemplos de perguntas "matinais de segunda" que pode ser usada como ponto de partida para esta conversa. Fornecemos essa lista como inspiração criativa, mas incentivamos que a adapte com entusiasmo ao próprio contexto organizacional. O objetivo aqui é tornar tudo discutível — mesmo aquelas partes da empresa que você acha que estão indo bem — e expor quaisquer suposições que possam estar sendo consideradas como fatos. Assim como Chris Argyris, excelente comportamentalista organizacional, descreveu, a ideia é dar uma guinada na sua própria mentalidade de liderança; da defensiva, para a investigação.*

As perguntas escolhidas para uso devem refletir sua própria realidade como organização. Quando Kat Cole, presidente da Cinnabon, estava transformando a empresa, as perguntas que fazia aos colegas incluíam "O que estamos jogando fora? Em outras palavras: 'Estamos gastando tempo, dinheiro e energia em coisas que não estão mais agregando valor?'" Muitas vezes, Cole ainda fazia outras perguntas: "Em que momento dizemos não? E essa pergunta é sobre oportunidades perdidas. Qual o momento em que dizemos não aos funcionários? Quando dizemos não aos clientes?"[4] A análise do padrão "não" pode ser bastante útil se você se encontra na

* Argyris acredita que os líderes gastam muito tempo defendendo seus argumentos, persuadindo os outros de que sua visão do mundo está correta, fenômeno que piora à medida que se sobe na hierarquia.

Administração Responsável. Será que construíram uma "casa do não" (um termo que começamos a usar quando estávamos trabalhando para mudar uma organização extremamente ultrapassada) dentro de sua organização? Quem são as pessoas influentes da organização? Eles estão genuinamente servindo aos interesses da empresa? Quais são os medos e as ansiedades por trás da relutância deles? Você conseguiria abordá-los e lidar diretamente com isso?

Seja qual for sua lista de perguntas, considere primeiro fazer algumas delas na forma de uma pesquisa confidencial, que convide as pessoas a refletirem autonomamente antes de interagirem umas com as outras. A pesquisa também usa a escrita — que ainda é a melhor ferramenta para fazer nossa espécie pensar — para se aprofundar e revelar o que está na mente de todos. Escolha alguém relativamente neutro para analisar as respostas e se reporte ao grupo com temas e observações resumidos. Descarte atribuir isso a vozes específicas, mesmo que essas vozes possam ser identificadas por todos. Nesta fase, as pessoas geralmente descobrem que seus colegas chegaram a conclusões diferentes a partir dos mesmos "fatos" e/ou estão trabalhando com um conjunto totalmente diferente de fatos.

A pesquisa também pode ajudar a elucidar as diferenças de status, a realidade de que algumas pessoas podem estar se sentindo valorizadas e vistas — no alto do Mostrador de Inclusão* — enquanto outras podem não estar, por todos os tipos de razões. Coletar perspectivas de modo confidencial e com antecedência diminui os riscos de as pessoas se manifestarem abertamente. Vá além e faça com que quaisquer receios sobre o processo sejam discutíveis: o que poderia atrapalhar nossa missão? Quais preocupações estamos abordando nesta conversa? Perguntas como essas não anulam as disparidades de status e o interesse dos participantes, mas, ao nomeá-las, é possível contorná-las com mais facilidade.

Agora, recorra a um facilitador qualificado para gerenciar a conversa — o membro da equipe com maior probabilidade de criar um espaço em que uma variedade de pessoas com diferentes habilidades e experiências possam se envolver produtivamente umas com as outras. À medida que o diálogo recíproco se desenvolve, lute contra o impulso de convergir logo de cara para um único ponto de vista. Celebre as vozes que estão dispostas

* É a nossa metáfora preferida para a experiência progressiva de inclusão no espaço de trabalho, que vai desde a sensação de segurança básica até se sentir verdadeiramente valorizado e promovido. Exploraremos esse framework em detalhes na quarta-feira.

a compartilhar uma visão diferente. Use perguntas como "Quem tem uma perspectiva diferente?" ou, melhor ainda, "Quem pode *articular* uma perspectiva diferente?" Ao pedir a alguém que descreva a posição que pode ou não ocupar, você está facilitando a discordância com o grupo.

TESTE DE CORAGEM: Prossiga quando tiver uma lista breve dos problemas mais significativos da organização.

Escolha um Problema para Resolver

Junto com a equipe, escolha um problema a ser resolvido *primeiro*. Uma vantagem da liderança de alta confiança/alta velocidade é conseguir aliviar a ansiedade de definir prioridades. Na nova cultura de resolução de problemas que você está construindo, escolher não focar um problema agora não significa *não*; significa *não agora* (e *não agora* significa *não hoje*, em vez de *não este mês*, o que também pode significar nunca em algumas organizações). Quando se resolve problemas em vez de tolerá-los, todos podem começar a se sentir seguros e tranquilos de que a organização está disposta a agir. Se isso parecer altamente improvável em sua empresa, veja a seção "Dez Sinais de que Sua Organização Está Estagnada".

Por enquanto, escolha um ponto de partida. Uma maneira de fazer isso é resumir os problemas que surgiram na discussão até agora, na forma de declarações relativamente simples. Reduza ao mínimo o uso de jargões da área e as abreviações. Imagine que está explicando o problema para um familiar que sabe pouco sobre o que você faz o dia todo.* Para alguns de vocês, a lista pode ser algo assim, com diferentes partes da empresa competindo por atenção:

---

* Gostamos de imaginar que nossas mães, mulheres ferozmente inteligentes com uma incrível capacidade de farejar falsidade, estão na sala. Elas se perguntariam: O que você está escondendo por trás de toda essa baboseira?

1. Não estamos inovando rápido o suficiente.
2. Nossos clientes não conseguem mais nos diferenciar de nossos concorrentes.
3. Nossos líderes não representam nossos funcionários.

Para quem iniciou esse processo com um catalisador evidente ou apresentando um problema, tente descer uma ou duas camadas na análise. Por exemplo, se as pessoas boas estão deixando a empresa em grande número, quais explicações para esse êxodo seriam razoáveis? Mais uma vez, descreva suas teorias em linguagem sucinta e acessível:

1. Nosso pessoal quer mais autonomia do que estamos dispostos a dar.
2. Alguns funcionários não estão sendo promovidos com rapidez satisfatória.
3. Nossa cultura tolera e, às vezes, recompensa a babaquice.*

Peça a todos que votem na lista, de preferência sem serem influenciados uns pelos outros, e veja qual problema causa mais exaltação ao seu redor. Durante o resto do dia, teste a mentalidade da equipe com dados e informações adicionais, sem necessidade de se apegar muito a um ponto de vista específico. Confie em seus colegas e simplesmente registre o que chama mais atenção.

A essa altura, se o problema estiver claro para todos, siga em frente com a confiança de que tem uma teoria de caso forte o suficiente para testar e refinar. E se pessoas razoáveis puderem discordar — se mais de um problema estiver disputando o primeiro lugar — escolha um e assuma o compromisso com os presentes de abordar os demais problemas em breve, preferencialmente dando uma data específica para isso (o que o pessoal fará na *próxima* segunda-feira?).

---

* Este é um termo técnico que se tornou adequado em conversas mais formais graças à excelente erudição de Bob Sutton, cujo livro best-seller, *The No Asshole Rule* (Nova York: Warner Business Books, 2007) [A Cultura Sem Babacas], mudou a forma como o mundo enxergava a cultura corporativa. Sutton documentou os custos organizacionais (muitas vezes ocultos) de recompensar os funcionários de alto desempenho que minam escancaradamente os valores da empresa ou as normas básicas da decência humana.

TESTE DE CORAGEM: Prossiga quando tiver escolhido um problema para resolver e puder descrevê-lo em linguagem simples, sem jargão.

Colete os Dados do Problema da Organização

Selecionado um problema, compile quaisquer dados obtidos que possam ser relevantes à questão. Chamamos essas informações preexistentes de *dados de domingo à noite* (entendeu?), ou seja, informações que a empresa simplesmente *já* possui antes das atividades de segunda-feira. A ideia aqui é fazer uma pausa, tornar esses dados acessíveis — desafio significativo em muitas organizações — e reduzir inevitáveis disparidades de informações entre os caçadores de problemas.

Na verdade, você está montando um conjunto compartilhável de fatos, gerado pelas decisões de métricas ao longo da história, enquanto seu problema provavelmente estava à espreita em lugares que você *não* examinou; o preço indireto que está pagando pelo problema ainda aparecerá em algum lugar nos dados. Um resultado para a próxima semana será começar a enxergar conexões desse tipo com mais clareza.

Dez Sinais de que Sua Organização Está Estagnada

Nem toda organização anseia resolver seus problemas, e pode ser preciso remediar essa barreira cultural em algum momento na segunda-feira. É um padrão que vemos com mais frequência nas empresas de Administração Responsável. Na ausência de uma crise de desempenho óbvia, os líderes se prendem ao status quo e subestimam os riscos. Esse tipo de resistência à mudança pode aparecer de várias formas, algumas delas difíceis de decifrar. Veja a seguir dez sinais de que sua empresa pode estar tentando atrapalhá-lo, não importando em que ponto da hierarquia você lidere.*

1. **Uma força-tarefa está sendo atribuída ao problema.** Uma equipe pequena e intrépida de reformadores é uma coisa; na verdade, é o que estamos recomendando para acelerar a ação hoje. A maioria das forças-tarefa, ao que parece, não se encaixa nesse perfil. Como saber se isso está acontecendo? Caso solicitem a você que confie em um framework ou processo que não tenha status, legitimidade ou direitos de decisão – ou o patrocínio de alguém que tenha algum dos atributos acima –, é improvável que isso o ajude a fazer a diferença.

2. **Você está sendo agradecido por seu tempo e esforço.** Caso suspeite que o bajulam e depois o ignoram, então provavelmente é verdade. A propósito, isso não é a mesma coisa que discordar, uma resposta perfeitamente aceitável para qualquer resultado atual dos seus diagnósticos. Sua obrigação como agente de mudança é defender suas ideias de forma persuasiva. A obrigação de seus colegas é tratá-las com honestidade, não concordar acriticamente com você.

3. **As pessoas duvidam se a organização (realmente) tem um problema.** Esteja preparado para que alguns de seus colegas rejeitem sua premissa de que a empresa tem um problema. Verdades difíceis são, por definição, difíceis de enfrentar; isso é particularmente válido para dados que sugerem questões culturais, como inclusão não total. Fique firme. Seja assertivo nas evidências que coleta hoje de que o problema realmente existe – e em histórias envolventes sobre o preço que a organização está pagando.

4. **Você precisa responder às preocupações significativas de críticos não identificados.** Em geral, são diálogos mais ou menos assim: "Como seu amigo, acho que você deve saber o que as pessoas estão dizendo." Normalmente, é uma tática para mantê-lo sob controle, em vez de empoderá-lo com informações úteis. Não morda a isca e reaja a rumores e boatos. Incentive seus críticos a se revelarem para que você possa lidar diretamente com as preocupações deles, que podem muito bem ser válidas. A colaboração acontece à luz do dia.

5. **O fantasma das "questões jurídicas" está sendo invocado.** Aqui, o antídoto é trabalhar diretamente com o jurídico. Contrariamente ao que os críticos insinuam, os profissionais de direito costumam ser bem mais criativos, flexíveis e orientados para encontrar soluções. Os

advogados raramente são os estraga-prazeres intolerantes ao risco que não advogados pensam ser, então faça parceria com eles desde o início.

6. **Seus colegas apontam todos os *outros* problemas que precisam ser resolvidos.** Reação que pressupõe que há algum limite mensurável na capacidade de uma empresa de absorver mudanças positivas — e você está se aproximando perigosamente dele. As pessoas tendem a subestimar a capacidade de sua empresa de se adaptar a uma realidade melhor (bem como o real custo da passividade contínua). O problema que se enfrenta hoje merece uma resposta rápida que reflita a frustração, a mediocridade e, em algumas organizações, o verdadeiro dano do status quo.
7. **Você continua ouvindo falar de um estado futuro em que as condições para a mudança serão muito, muito melhores.** Pode ser a expressão mais comum de resistência que vemos: a fantasia de que será mais fácil mudar as coisas em algum momento no futuro. Em nossa experiência, esse quase nunca é o caso, e o que vale geralmente é o oposto. A clareza e o ímpeto que você tem agora são ativos tremendos, mas também são perecíveis. Na maioria dos casos, a "urgência feroz do agora" ganha o dia, especialmente quando o sucesso e o bem-estar das pessoas ao seu redor estão em jogo.
8. **A linha do tempo para a ação está aumentando.** Outra tática comum de atraso, um antídoto proposto para as preocupações expressas nos itens 6 e 7. Seu diagnóstico é adotado em um nível conceitual, mas o cronograma proposto para a mudança é longo e vago. Trate esse acontecimento como ameaça existencial não apenas para a segunda-feira, mas para toda a semana. Quando se trata de resolver problemas críticos de missão, o momento certo para agir é agora.
9. **Seus colegas acham que podem vencê-lo pelo cansaço.** Earl Sasser, líder de pensamento de gestão chama isso de "gerenciamento de cálculos renais" — a suposição de que isso também passará. Deixe claro que você não vai a lugar nenhum, de preferência com um sorriso. Se não é a chefe, então apareça em seu escritório com uma xícara de café, do jeito que ela gosta, todas as manhãs até que ela participe. Essa jogada, a propósito, nunca deu errado conosco.

10. Você continua ouvindo: "Nós já tentamos isso." A empresa pode já ter enfrentado alguma versão do problema que você expôs, mas conseguiu pouco além de um legado de frustração e ceticismo. Se for o caso, faça seu dever de casa e aprenda o que puder com o que deu errado. Independentemente disso, o contexto muda, incluindo o próprio contexto material de sua vontade de liderar essas questões. *Você* nunca tentou antes, e isso vai fazer toda a diferença.

*Essa é uma versão atualizada de uma lista que os fãs adoram e que compartilhamos primeiro no livro *Unleashed* (Boston: Harvard Business Review Press, 2020).

O que pode ser abordado sem restrições? Em suma, o que quer que possa ajudá-lo a entender melhor o seu problema, valendo pecar pelo excesso. Essa pilha de itens parecerá diferente com base em seu próprio contexto, mas vejamos ela com entradas potencialmente úteis para estimular seu próprio pensamento:

- Declarações de missão/visão/valores
- Decks de investidores recentes, da diretoria, relatórios de analistas
- Documentos estratégicos (por exemplo, planos de negócios, roteiros de produtos)
- Demonstrações financeiras plurianuais
- Dados de aquisição/churn/segmentação de clientes
- Pesquisas direcionadas aos clientes e dados de feedback
- Dados de sentimento dos funcionários (por exemplo, pesquisas de engajamento, entrevistas de desligamento)
- Dados de conquistas do funcionário (por exemplo, dados de promoção e retenção)
- Informações prioritárias (por exemplo, artigos de imprensa, ofícios da prefeitura, fóruns de discussão da empresa)

Essencialmente, *todos* os dados existentes obtidos estão em jogo aqui. Ao tentar descobrir como melhorar a programação para as famílias de baixa renda da cidade de San Jose, Christine Keung, ex-diretora de dados da cidade, e sua equipe analisaram dez anos de registros administrativos sobre inscrições para bolsas de estudo. Descobriu-se que mais de 95% dos beneficiários das bolsas do programa viviam a 1,5 milhas ou menos do centro comunitário mais próximo. Ao analisar os dados e consultar ativamente suas equipes de linha de frente, começaram a entender o porquê. As bolsas de estudo eram anunciadas apenas em cartazes e panfletos em centros comunitários, o que significava que a cidade estava involuntariamente privilegiando os residentes que moravam nas proximidades.

Para resolver o problema, a equipe de Keung se concentrou em gerar conscientização em San Jose, aumentando a presença da cidade nas mídias sociais e por meio de publicidade criativa e de baixo custo. Quando refletiu sobre o sucesso do projeto, Keung destacou o valor de mudar o relacionamento da organização com as informações: "Nosso impacto foi empoderar os funcionários da cidade com insights e opções que os dados podem trazer, informando não apenas grandes decisões estratégicas, mas também melhorando as milhares de pequenas decisões que afetam a experiência dos moradores. Um governo local que não consegue capturar o contexto local está errando."[5]

Keung e sua equipe progrediram rapidamente, disponibilizando acesso aos dados de seus problemas e levando-os até as linhas de frente. Para algumas organizações, esse tipo de empoderamento exigirá superar o impulso de proteger as informações, mesmo com seus companheiros de viagem às segundas-feiras. Muitas empresas, particularmente as mais maduras, acabam ocultando os dados necessários à resolução efetiva dos problemas por trás de uma cultura de acesso restrito. Isso não significa que *todos* na empresa, muito menos o público em geral, devam ter acesso a essas informações. Na verdade, transmitir informações no início do processo, sem ter um plano sobre o que fazer a respeito, pode desacelerar e até sabotar a missão de mudança.

Quando trabalhamos com uma grande empresa para ajudar a acelerar seu trabalho de DEI, a pressão de amplo compartilhamento de dados era alta desde o início, mesmo antes de a empresa entender completamente o problema que estava tentando resolver (muito menos de ter um plano inspirador de confiança para resolvê-lo). Posteriormente, compartilhamos os números, mas somente depois que a empresa implementou uma equipe sólida de estratégia e liderança de DEI. A palavra aqui é *posteriormente*. Na quinta-feira — também conhecido como *dia do storytelling* — é provável que você apresente alguns desses dados ao defender fortemente a mudança para seus colegas. Por enquanto, seu trabalho é esclarecer os fatos e compartilhá-los com as pessoas que estão te ajudando.

TESTE DE CORAGEM: Prossiga depois de reunir os dados relevantes para o seu problema e compartilhá-los com seus colegas caçadores de problemas.

Elabore um Caso com os Dados Obtidos

O que se pode aprender com os dados de domingo à noite? No restante deste capítulo, abordaremos como conversar com stakeholders e coletar novos dados, mas antes de envolver mais pessoas, vamos ver até onde você pode chegar com as informações que já possui. Nesta etapa, talvez seja melhor recorrer ao seu analista de dados.

Quando AJ Hubbard, ex-executivo global de inclusão e diversidade da GE Appliances (GEA), começou a trabalhar na mudança de cultura na empresa, pressionou a GEA a, primeiramente, entender seu ponto de partida. "Disseram-me que era uma organização de operadores", lembrou, "[com um ethos de] 'Diga-me o que fazer e para onde ir' [...] Virei isso de ponta-cabeça [...] posso lhe dar recomendações, mas prefiro que analisemos juntos os dados de quem está entrando na empresa, quem está saindo e está sendo promovido, quem é considerado de alto potencial".[6] Hubbard e sua equipe de operações acabaram criando um dashboard que facilitava o acesso, a análise e o uso dos dados que a empresa já estava coletando. Como primeiro passo, Hubbard insistiu em aprender com o que a GEA já sabia ou *deveria* saber.

Uma maneira infalível de gerar cinismo rapidamente em uma organização (algo que, aliás, vemos constantemente) é solicitar sugestões dos colaboradores e, em seguida, ignorar ou apenas parcialmente considerar as informações fornecidas (e demorar uma eternidade para sequer dar um retorno). Isso é especialmente comum no ritual anual de pesquisa de cultura. Muitas empresas coletam dados sobre o desengajamento e a frustração de seus funcionários e, em seguida, não fazem nada palpável para resolver esses problemas, exceto perguntar novamente no ano seguinte. Conforme avança nas atividades desta semana, reflita sobre nossa pergunta favorita: o que mudaria se você considerasse sempre o tempo de *outras pessoas* como o ativo mais estratégico da sua empresa? Quem você se tornaria como colega e líder? Quem essas outras pessoas podem se tornar quando estão perto de você?

Use esses dados para tentar provar a todos que sua teoria para o caso está certa. Se estiver abordando uma questão de estratégia, por exemplo, escolha um framework para análise que permita pensar sobre o problema de maneira mais sistemática.[7] Se for um problema de cultura, volte para as entrevistas de desligamento e pesquisas em toda a empresa. Se for um problema de capacidade ou operações, procure padrões nas reclamações dos clientes. Documente as lacunas entre o que sua equipe de vendas está vendendo e o que a empresa está entregando de forma confiável. Como saber, agora, que a coisa que quer consertar está mesmo quebrada?

Para um nível de excelência, vá além da análise básica e realize um estudo direcionado dos seus dados existentes, utilizando a declaração do problema como bússola. Ou seja, faça com que seu analista examine os dados com um conjunto mais específico de perguntas. Se estiver enfrentando a alta frustração dos funcionários, por exemplo, quais padrões ele pode encontrar em quem não está prosperando? São todos ou grupos específicos? Se forem grupos específicos, quais estágios da carreira causam mais frustração? Quais funções? Quais perfis demográficos?

Análises aprofundadas como essa podem ser bastante úteis para problemas que parecem avassaladores no início, que podem ser emocionalmente multifacetados ou complicados por fatores fora do controle da organização. Uma característica da mentalidade de ser rápido e consertar as coisas é que estar sobrecarregado, confuso ou com medo não são desculpas para ficar parado. Ao contrário, são sinais para se movimentar antes que a frustração se transforme em ansiedade organizacional ou até mesmo em desespero. É impossível controlar todas as variáveis, mas é possível assumir o potencial de ação coletiva *que você tem* e que, provavelmente, é maior do que imagina. Alicerçar o caso do seu problema em dados pode ser um passo importante nessa direção.

Para qualquer empresa que enfrente desafios de DEI, descobrimos que uma análise clara e rigorosa do problema pode ser bastante útil. Talvez você não seja capaz de resolver o contexto social mais amplo de injustiça e segregação, mas pode reconstruir a confiança em sua equipe e erradicar as desigualdades em sua organização. Como já escrevemos antes, quando passamos algum tempo com a WeWork para ajudar a construir uma cultura mais forte de equidade de gênero, analisamos mais de perto os dados existentes a fim de entender melhor a experiência das candidatas em vários pontos do pipeline de contratação. Além da demografia de quem estava sendo contratado, analisamos quem estava sendo excluído, quem foi chamado para entrevista, quem chegou às etapas finais e assim por diante. Em um processo de recrutamento saudável, as proporções demográficas devem permanecer bastante consistentes de um estágio para outro. Se 40% das pessoas em estágios de triagem são mulheres, então cerca de 40% devem chegar ao estágio de entrevista. Se esses números mudarem significativamente de estágio para estágio, o processo provavelmente precisará de um pouco de atenção.

Esse tipo de análise pode levá-lo a soluções muito acionáveis. Por exemplo, em outra empresa que fomos consultoras, a falta de familiaridade de um gerente de contratações com as lacunas de experiência de mães trabalhadoras levou a uma interpretação equivocada das mudanças na demografia do pipeline de contratações. A granularidade desse tipo de análise geralmente fornece informações suficientes para progredir rapidamente, o que, neste caso, foi uma conversa breve e de baixo risco com um único funcionário.

Nesta fase, a análise detalhada do processo pode não ser útil para todos os problemas em todas as empresas. Se a babaquice está sendo recompensada, por exemplo, talvez ajude confirmar os padrões de engajamento e afastamento relacionados aos piores infratores da empresa (todos sabem quem eles são). Os associados juniores promissores estão evitando um sócio sênior específico? É mais provável que as pessoas se demitam depois de trabalhar com tais pessoas? Seja qual for a natureza do problema, o objetivo dessas atividades é seguir a dica de A. J. Hubbard e descobrir o que já se sabe antes de descobrir o que *não* se sabe.

TESTE DE CORAGEM: Prossiga quando tiver aprendido o máximo possível sobre seu problema a partir dos dados que já possui.

Saiba Mais Sobre Seu Problema

Ao buscar *novos* dados, recomendamos que a maioria das empresas comece consultando os stakeholders mais afetados por um problema. Por exemplo, se suas análises revelaram que os veteranos militares estão com dificuldades para serem promovidos ou que as mulheres negras estão deixando a empresa a taxas desproporcionalmente altas, então você já sabe com quem falar sobre o problema. Resista ao instinto de complicar mais as coisas.

Neste caso, sua principal tática será a conversa. É possível disfarçar essas interações com o uso formal de entrevistas e grupos focais, o que pode ajudar a sinalizar que a empresa leva o problema a sério. Mas você também pode ser mais informal e oportuno: uma xícara de café com um colega, perguntas feitas ao final de uma reunião de rotina, uma ligação de vendas que você estende de forma graciosa com seu melhor cliente. Chamamos essa abordagem menos formal de conversa casual e, para alguns problemas, em alguns ambientes, ela renderá melhores informações.

Tente misturar as duas abordagens. Por vezes, criamos grupos focais estruturados e, em seguida, fazemos uma chamada informal de acompanhamento com alguns participantes. Não raro, são os participantes mais ativos ou perspicazes da discussão, mas também acompanhamos aqueles que estavam relutantes em se envolver. E às vezes, obtemos mais insights sobre um problema ouvindo as pessoas mais hesitantes em falar sobre ele.

Nessas conversas, seu papel é ouvir — ouvir *de verdade* — com a curiosidade de um antropólogo e a responsabilidade de um líder. Elabore um conjunto de perguntas com antecedência, embasadas no trabalho feito hoje, que sinalizem que você respeita seu público e pensou previamente sobre o assunto. Documente o que ouvir nessas discussões, mas também observe a comunicação não verbal na sala. Como as pessoas estão respondendo à discussão, a você e aos demais?

Quando liderou a reestruturação da varejista tech Best Buy, nosso colega Hubert Joly primeiramente decidiu reunir pessoas com sua equipe de linha de frente para entender melhor a prática comercialmente prejudicial do showrooming. Apesar de racional, os clientes tinham como hábito visitar as lojas da Best Buy, obter explicações personalizadas sobre o produto, cortesia de funcionários bem treinados e, depois, voltar para casa a fim de comprar de fornecedores mais baratos e convenientes, como a Amazon. Liderada por Joly, a Best Buy anunciou rapidamente que igualaria os preços online e lançou o inovador sistema Store Pickup (as compras online estariam prontas para retirada na vida real dentro de uma hora), minando as maiores vantagens dos concorrentes a uma velocidade que, até a intervenção de Joly, era inédita. Nosso colega plantou as sementes dessas ideias por meio do diálogo com os funcionários, desde o princípio de sua gestão.[8]

Sempre tenha em mente que compartilhar perspectivas honestas será mais arriscado para algumas pessoas. Facilite as coisas garantindo a confidencialidade. Se, por um acaso, quiser usar o nome de alguém em uma discussão futura, dê meia-volta e obtenha permissão para fazê-lo. Também é uma oportunidade de ser consciente sobre quem está sendo enviado para quais comunidades para ter quais tipos de conversa. Recrute facilitadores da sua equipe de diagnóstico, mas não hesite em substituir os outros se isso fizer sentido para o problema que está tentando resolver.

Digamos que seu problema seja a estratégia: o mercado não consegue mais distingui-lo de seus concorrentes. Por isso, você decidiu abordar os clientes neste momento. Pode ser hora de usar seu melhor vendedor, por exemplo, ou até mesmo seu CEO. Seus clientes se importam mais com o quê? E com o que se importam menos? Eles estariam dispostos a pagar conta premium por algo que sua empresa pode entregar de forma exclusiva? Esse é o tipo de conversa que você conquistou o direito de ter depois de passar pelas atividades anteriores de segunda-feira. Agora envie a pessoa certa para tal.

Scott Cook, fundador da Intuit, também recomendaria que você *observasse* o comportamento do cliente. Cook desenvolveu o lendário programa "follow me home" [siga-me até em casa, em tradução livre] da empresa, que, com o consentimento dos clientes, envia os funcionários da Intuit para a casa deles a fim de observá-los usando os produtos da empresa. Cook atribui grande parte do sucesso da empresa à prática e ao ethos que a impulsiona: abertura, humildade, atenção.[9] O programa enfatiza a observação em detrimento do comentário do cliente e mobiliza vários funcionários por visita domiciliar porque diferentes funcionários observarão coisas diferentes (veremos mais sobre o poder da diferença em um momento posterior da semana). A Intuit realiza mais de 10 mil horas de visitas por ano, e o CEO é conhecido por registrar até 100 dessas horas. "O que você levanta em uma [visita domiciliar] não consegue levantar de um fluxo de dados", refletiu Brad Smith, ex-CEO da empresa. "Devemos olhar alguém nos olhos e sentir a emoção."[10]

Para equipes que se dedicam a compreender por que um grupo específico dentro da organização não está sendo bem-sucedido, sugerimos combinar uma discussão sobre "grandes" questões (por exemplo, barreiras ao avanço) com uma discussão a respeito das chamadas questões menores. À primeira vista, são coisas que parecem triviais, já que, muitas vezes, os melhores funcionários relutam em reclamar delas por medo de parecer que não jogam em equipe. Além disso, são coisas que podem servir como um sinalizador descomunal e valioso, ressaltando problemas maiores.

Chamamos essa discussão de *lista de indignidades*, já que seu objetivo é trazer à tona os obstáculos cotidianos e os machucados invisíveis do trabalho, os estressores que, aos poucos, corroem a dignidade plena de seus colegas. Indignidades geralmente nascem de pontos cegos e lacunas de representação, por isso, quase nunca são distribuídas de forma equitativa.* Também costumam ser altamente consertáveis com o mínimo de esforço e investimento.

No auge da pandemia de Covid-19, quando um sistema hospitalar estava lidando com alta rotatividade em sua equipe de enfermagem, houve uma série de conversas muito diretas com os próprios enfermeiros. A empresa precisava resolver grandes problemas — como remuneração e condições de trabalho —, mas também havia problemas menores que contribuíram para o êxodo de talentos de missão crítica. Nessas discussões, uma das indignidades que veio à tona foi o padrão em que copiadoras relativamente baratas e com pouca manutenção quebravam com facilidade e não havia senso de urgência algum para consertá-las. Uma copiadora quebrada significava uma enfermeira já sobrecarregada por uma alta carga administrativa, que tinha que ir de andar em andar à procura de uma máquina que funcionasse. Essas etapas extras não eram um problemão, mas o fato de a empresa estar dificultando ainda mais o trabalho dos enfermeiros reforçava a impressão de que eram subestimados e subvalorizados.[11]

Imagine o efeito de um investimento urgente em boas copiadoras e um plano de manutenção proativo nessa situação. Esclarecendo, isso não é apenas sobre consertar as copiadoras; é também sobre o processo que teria levado a esse investimento, as novas linhas de comunicação que teriam sido abertas para trazer à tona o problema, a atuação nas questões maiores que as copiadoras quebradas significavam. Esse é o espírito da segunda-feira — de toda a semana, na verdade — ajudá-lo a passar do combate reativo a incêndios para uma *prevenção* de incêndios confiante e proativa.**

---

* Se a experiência de vida dos tomadores de decisão diferir materialmente da maioria de seus funcionários, garantimos que a dignidade destes está sendo prejudicada em algum aspecto..

** Lembra-se do Capitão Planeta? Ao que parece só *você* pode salvar o ambiente organizacional.

TESTE DE CORAGEM: Prossiga quando os stakeholders mais afetados por seu problema lhe derem uma nova perspectiva sobre ele.

Decida o que Vai Consertar Esta Semana

Reagrupe-se com seus caçadores de problemas — tanto a equipe original quanto qualquer pessoa que você substituiu ao longo do caminho — e analise o que aprendeu hoje. Sua teoria para o caso estava correta? Quais causas-raiz tinham poder explicativo real? O que surpreendeu, inspirou e inquietou a todos ao longo do caminho?

Após completar a própria versão da segunda na Best Buy, Hubert Joly identificou a causa-raiz dos problemas como uma cultura fundamentalmente transacional. Em vez de vender TVs e computadores que eram facilmente substituíveis, Joly resolveu introduzir um propósito maior na empresa e reconstruir sua estratégia, operações e economia para cumprir uma nova promessa: enriquecer a vida de seus clientes por meio da tecnologia. Essa clareza só foi possível porque, antes de tudo, ele se comprometeu a *resolver o problema certo*. O que à primeira vista parecia ser um problema relativamente simples de comportamento do consumidor — o showrooming — acabou sendo algo mais profundo.

Como Joly, você pode descobrir uma causa-raiz que o surpreende ou pode estar certo sobre seu problema o tempo todo. Tudo o que podemos dizer, pela nossa experiência, é que é quase impossível saber no início da semana em que posição você estará — e que certamente vale a pena passar um "dia" descobrindo.

Ao encerrar seu esforço de segunda-feira, o objetivo da reunião final é ganhar adesão ao problema que a empresa resolverá em *seguida*. Escolha um com urgência elevada, que seja a fonte mais clara de disrupção e distração. Descreva o que vai consertar com a riqueza e a especificidade que acabou de obter. Por exemplo, em vez de "Nossa estratégia não está funcionando", pense "Nossa estratégia é tão focada em não desapontar ninguém que esquecemos de surpreender positivamente nossos melhores clientes". Apresentem o caso uns para os outros em uma linguagem que inspire ação. Quais são os riscos desse problema urgente e solucionável? Por que o tempo de todos deve ser gasto para agir rápido e consertá-lo?

Uma última nota antes de encerrarmos por hoje: parabéns. Segunda-feira é uma aventura faça-você-mesmo que parece diferente para cada organização. Todavia, o consenso é que, se essas etapas forem seguidas, você identificará pelo menos uma barreira significativa à Excelência Acelerada. E se fizer do nosso jeito, contando com a própria equipe e sendo mais rápido do que parecia prudente, ou mesmo possível, então um retorno imensurável não custará quase nada.

TESTE DE CORAGEM: Prossiga quando tiver identificado o problema certo a resolver.

---

2 TERÇA-FEIRA
Priorize a Confiança

Bom dia! A nova sensação que você está sentindo hoje é o que chamamos de *confiança matinal de terça-feira*. É a confiança advinda da resolução dos problemas certos e, de forma mais geral, da distinção entre atividade e impacto — entre fazer coisas e fazer coisas que farão a diferença para sua organização.

A confiança matinal de terça-feira consiste na ausência de fingimento e de arrogância, tentações poderosas na jornada da liderança (às quais nem sempre conseguimos resistir). Na verdade, uma maneira de pensar sobre o que está sendo feito esta semana é que você não está mais *fingindo*. Na segunda-feira, parou de fingir que sabia qual problema resolver sem primeiro colocar suas ideias em xeque e coletar mais dados. Hoje, vai parar de fingir que sabe *como* resolver o problema sem primeiro testar suas ideias e descobrir se funcionam.

Sua missão hoje é criar um *Plano Bom o Bastante*.* Um Plano Bom o Bastante tem a ver com construir e reconstruir a confiança dos stakeholders no centro do seu problema. Às vezes, nos referimos à terça-feira como o *dia da caixinha de areia* [sandbox day], porque queremos que você entre na caixa de areia organizacional e brinque. Hoje, queremos que parta para a ação, criando as condições para aprender, muito além dos muros do que David Foster Wallace chamou de "nossos pequenos reinos, do tamanho de

---

* É importante diferenciar o Um Plano Bom o Bastante *do plano perfeito*, um ideal inalcançável que só existe na imaginação. Muitos perfeccionistas já viram seus projetos parados por culpa dessa busca infrutífera de glória perfeccionista.

um crânio".[1] Hoje, queremos que experimente coisas novas e preste atenção ao que quer que aconteça a seguir. Queremos que traga certa leveza — até mesmo certa alegria — para esse processo, mesmo quando os riscos são altos, já que é nessa hora que a alegria será mais necessária.

Nosso lema para esta fase do trabalho é "Encontre novos bipes" (calma que já explicaremos). Uma das sessões favoritas de Frances com alunos de MBA é um exercício em equipe chamado Labirinto Elétrico. As equipes devem encontrar a única saída real cruzando um labirinto de quadrados idênticos, e recebem apenas dois tipos de feedback no percurso: um bipe sonoro alto e agressivo quando um colega de equipe pisa no quadrado "errado" e um silêncio satisfatório quando pisam no quadrado "certo". Ah, e além de disso, não é permitido falar. As equipes podem se comunicar apenas por meio de escrita ou gestos manuais, o que simula os desafios de comunicação da organização moderna.[2]

Sem prejudicar oportunidades futuras de aprendizagem experiencial, diremos apenas que as equipes que se saem melhor são as rápidas, atentas e francamente alegres em sua busca por *novos* bipes. Elas tratam cada novo bipe como transformação emocionante que as aproxima de uma solução. É assim que queremos que você se sinta durante toda a terça-feira. Talvez, seu cientista curioso interior queira prolongar a estadia — e esse cientista sabe exatamente como lidar com problemas não resolvidos: fazer experimentos inteligentes.

PAUTA DE TERÇA-FEIRA

1. Fracasse com entusiasmo.
2. Encontre a "oscilação de confiança" da sua organização.
3. Faça um check-up do modelo de negócios.
4. Aprimore seu pessoal.
5. Mude a forma como trabalha.
6. Identifique "novos" talentos.
7. Tome decisões difíceis relacionadas às pessoas.
8. Não faça disso uma questão pessoal.
9. Fale, mas faça.

Materiais Necessários para Hoje

- Otimismo
- Recusa à paralisia pela complexidade
- Compromisso de aceitar o *fracasso inteligente* (ou novos bipes), definido simplesmente como tentativas malsucedidas[3]
- Disposição para promover algumas pessoas em detrimento de outras
- Conhecimento operacional direto ou bom acesso a operadores que sabem como as coisas funcionam
- Ampla seleção de bebidas de adulto*

*Em nosso entendimento, a expressão *bebida de adulto* consiste em dar um ponto final líquido, comemorativo e digno após um bom dia de trabalho. O álcool é um ingrediente ativo opcional. A bebida de adultos favorita de Frances, por exemplo, é água tônica chique, pura e gelada.

Fracasse com Entusiasmo

Na NerdWallet, empresa de finanças pessoais com marca de consumo de destaque e crescimento exponencial, o fracasso é tratado como a base para o sucesso. Essa ideia é reforçada por um proeminente "Mural da Falha", no qual os funcionários deixam notas adesivas registrando seus erros. Por exemplo, Tim Chen, o CEO, usou o Mural da Falha para refletir sobre seus erros na contratação de uma empresa de relações públicas: "Tentei terceirizar relações públicas, geração de ideias e tudo mais para uma agência. Tivemos cinco visitas da imprensa em seis meses." O Mural da Falha está coberto de notas adesivas.[4]

Como seria um Mural da Falha na sua organização? Na sua equipe? Em seu pequeno reino, do tamanho de um crânio? O cofundador, Jake Gibson, explicou a lógica do mural da seguinte forma: "Os funcionários devem pensar em cada ação como um experimento, não como algo em que serão classificados como 'aprovados' ou 'reprovados'."[5] Isso pode ser uma mudança de mentalidade para muitos de nós, que fomos treinados em um longo jogo de evitar erros, com regras muito simples: o sucesso é bom, o fracasso é ruim, ponto final. Mas o fracasso inteligente, que ensina algo importante, está perto do topo da lista dos ativos mais valiosos da sua equipe. Como a Electric Maze ensina, o caminho mais rápido para o que dá certo é aprender sistematicamente com o que *dá errado*.

Quando o Google, famoso por seu mecanismo de experimentação implacável, tentou estimar as próprias falhas inteligentes, descobriu que 80% a 90% de seus experimentos controlados falham no sentido de gerar resultados negativos.[6] Dito de outra forma, os líderes técnicos de elite do Google fazem previsões incorretas (também conhecidas como erros) *mais de 80% do tempo*. No entanto, tratamos muitas vezes nossos erros como bichos-papões indesejados e inesperados, revelando que, de alguma forma, esperamos que nossa taxa de fracasso pessoal esteja próxima de zero. A única forma de alcançar isso é parar de tentar resolver problemas. Para manter nossa metáfora do labirinto, seria preciso se recusar a pisar no primeiro quadrado. Aqueles que estão presos na Administração Responsável podem estar vivenciando situações parecidas na escala de sua organização.

Sugerimos que sejam diretos com a equipe — e consigo mesmo — sobre o Mural da Falha: o objetivo desta etapa *não é estar certo*; o objetivo desta etapa é *aprender*. Usamos a palavra *piloto* o mais frequentemente possível em nosso trabalho, porque ela reforça essa mensagem. O conceito de projeto-piloto existe há muito tempo e, no entanto, ainda está sendo subutilizado como uma *mentalidade*. É possível pensar em seu Plano Bom o Bastante como uma coleção arquitetada de projetos-piloto para resolver seu problema. Seu plano vai dar certo? Provavelmente não, pelo menos não na primeira iteração. Você ficará mais próximo de descobrir o que *vai acontecer*? Com certeza.

TESTE DE CORAGEM: Prossiga quando estiver disposto a aceitar o fracasso como uma fonte essencial de aprendizado.

Encontre a "Oscilação de Confiança" da Sua Organização

Por onde se deve começar a experimentar? A resposta direta é tentar qualquer coisa que acredite ter uma chance razoável de dar certo e então — aqui está a pegadinha — *não se apegue aos resultados*. Não importa o sucesso ou o fracasso das ideias testadas, trata-se de informação, então trabalhe para produzir o máximo possível. Mais uma vez, o objetivo é aprender.

Devemos consertar sistemas ou pessoas? Contratar inovadores ou criar uma cultura de inovação? Melhor treinar seu pessoal ou redesenhar a maneira como trabalham? A resposta é sim. Faça tudo isso, com ambição e urgência, duas coisas às quais você tem direito nessa semana. Apresentaremos suas opções em uma ordem lógica, porque é assim que os livros funcionam, mas não pense demais na sequência. Ao contrário, persiga a curva de aprendizado mais íngreme e rápida tolerada pela organização (que, em geral, é mais íngreme e rápida do que pensa). Você estará preparado para o desafio até sexta-feira, mas hoje é uma chance de acelerar a dinâmica da organização.

Quando começar a debater soluções-piloto, sugerimos analisar seu problema a partir da perspectiva do stakeholder no centro dele. Os *acionistas* estão desapontados com a lucratividade da empresa? Os *clientes* estão abandonando o navio e entrando no dos concorrentes? Os *funcionários* da Geração Z estão frustrados e se demitindo a um ritmo acelerado? Torne o problema pessoal, literalmente, identificando a(s) pessoa(s) que têm mais a perder por conta dele. Espero que tenha aprendido muito sobre a perspectiva dessas pessoas nas discussões que teve ontem.*

---

* Se esse não for o caso e um protagonista inesperado surgir neste momento, faça uma pausa e, em seguida, outra rodada de coleta de dados na segunda-feira.

Se está pensando em seu problema sem stakeholders, adicione um à história. Se a questão é um burn rate alto, por exemplo, reflita sobre quem está pagando o maior preço por isso. Seriam seus investidores (e quem quer que possa estar no gancho para a próxima rodada de financiamento), cujo dinheiro está sendo gasto por você? Ou seriam seus colegas, que estão começando a questionar a viabilidade da empresa? Escolha um, por enquanto, e tente sentir de verdade o sofrimento deles. (Se, por alguma razão, não for capaz, então a coleta de dados não foi concluída.)

Uma forma de contextualizar seu problema é pensar que a organização perdeu a confiança desse stakeholder. Assim como a confiança pessoal, descobrimos que a confiança organizacional depende da presença de autenticidade, empatia e lógica (veja a Figura 2-1).[7]

FIGURA 2-1

Principais Impulsionadores da Confiança Organizacional

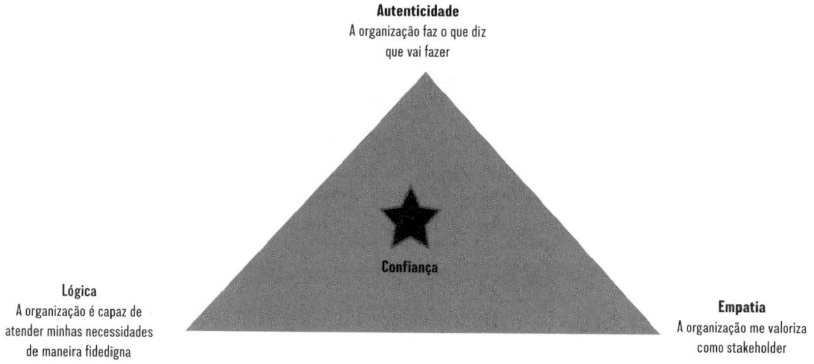

Fonte: Adaptado de Frances Frei e Anne Morriss, *Unleashed: The Unapologetic Leader's Guide to Empowering Everyone Around You* (Boston: Harvard Business Review Press, 2020).

Para que confiem em você como *organização*, seus stakeholders precisam acreditar que se importa com eles (empatia), que é capaz de atender às suas necessidades (lógica) e espera-se que você faça o que diz que vai fazer (autenticidade). Assim como quando *as pessoas* se tornam não confiáveis, as organizações que estão perdendo a confiança — ou falhando em adquirir tanta confiança quanto poderiam — tendem a ficar instáveis ou *oscilar* em uma dessas três dimensões.

Reveja o problema revelado na segunda-feira por esta perspectiva. O stakeholder no centro do seu problema questiona a empatia, a lógica ou a autenticidade da sua empresa? Caso seus clientes estejam perdendo a confiança em você, estariam eles, por exemplo, questionando seu aumento de preços com tantos novos concorrentes no mercado (lógica), ou sentindo que não conseguem suporte quando têm um problema (empatia), ou seu CEO está assumindo compromissos que a equipe de vendas não pode cumprir (autenticidade)?

Qual é a principal oscilação da *sua* empresa? E quais são suas melhores ideias de como estabilizá-la? Veja o quadro "Dez Armadilhas à Confiança Organizacional" para ter inspiração inicial. Pelo resto do dia, exploraremos alguns investimentos em lógica, empatia e autenticidade que sabemos que dão certo na escala de uma organização. São alavancas que podem ser acionadas e que podem impactar rápida e grandemente sua organização. Dedicaremos mais tempo em experimentos com pessoas do que em experimentos com produtos porque, embora sejam comuns (obrigada, Google), vemos menos experimentação em outros aspectos corporativos — e, em particular, na preparação de seus recursos humanos para o sucesso. Também é verdade, segundo nossa experiência, que a maioria dos seus problemas provavelmente aparecerá na forma humana. Embora o Plano Bom o Bastante seja altamente personalizado para suas condições, esperamos que encontre algumas ideias nas páginas seguintes para, pelo menos, começar.

Dez Armadilhas à Confiança Organizacional

Tolstoi começou *Anna Karenina* afirmando que todas as famílias felizes se parecem, enquanto cada família infeliz é infeliz à sua maneira. As organizações tendem a ser mais previsíveis, apesar de a disfunção geralmente parecer muito *familiar*. Embora o contexto de toda empresa seja inédito, seus problemas tendem a ser mais comuns. A seguir, temos uma lista de alguns dos problemas de confiança mais recorrentes em nosso trabalho, acompanhados do que revelam sobre o que está oscilando.

1. **Aversão a fazer escolhas.** Pode se apresentar de todas as maneiras, desde gerenciar por consenso até tentar ser ótimo em tudo o que se faz como organização. Um lembrete gentil: ainda que se sinta seguro em

minimizar os riscos, tentar agradar a um grupo descrito como "todos" é muitas vezes uma estratégia bem mais arriscada para a empresa. Sua recusa em escolher aumenta a probabilidade de mediocridade exausta. *Oscilação da confiança: lógica.*

2. **Dependência de funcionários heroicos.** Muitos modelos de negócios são projetados para funcionários que gostaríamos de ter, não para os que realmente temos – com imperfeições e vidas fora do trabalho. Se suas operações dependem de pessoas continuamente superando expectativas, esteja preparado para trabalhar muito mais a fim de encontrar esses seres extraordinários e recompensá-los com um salário descomunal. Poucas organizações estão realmente preparadas para isso. *Oscilação da confiança: lógica.*

3. **Síndrome do objeto brilhante.** O cérebro humano está programado para se concentrar nas novidades, mesmo quando as coisas antigas são mais importantes. A falta de intenção (de uma forma menos polida, também chamada falta de *disciplina*) na busca de novas oportunidades coloca seu modelo de negócios em risco. Excelentes aventuras em novos produtos e mercados são frequentemente justificadas por equações nebulosas de ROI que inflacionam o lado positivo e minimizam o risco, incluindo o custo de não dar atenção a prioridades mais urgentes. Isso pode ser acompanhado por outros tipos de pensamento mágico. *Oscilação da confiança: lógica.*

4. **Gerência intermediária desvinculada.** Os gerentes no que chamamos de "centro turvo" de uma organização muitas vezes são os únicos que percebem a verdadeira extensão que separa as ambições de uma empresa de sua realidade concreta. Sabem quanto esforço será necessário para vencer, entendem os verdadeiros perigos da jornada e normalmente têm mais a perder (e menos a ganhar) ao longo do caminho. Mesmo assim, em vez de soltarem suas amarras em momentos de grandes mudanças, os gerentes intermediários são frequentemente negligenciados por uma equipe de liderança focada em inspirar as linhas de frente e obter adesão dos altos escalões. *Oscilação da confiança: empatia.*

5. **Relacionamento casual com o tempo de outras pessoas.** Você trata o tempo do seu pessoal como se fosse seu ativo mais estratégico? É uma das nossas sugestões favoritas de reflexão sobre liderança, e vamos repeti-la diversas vezes. Muitas organizações estão confortáveis

demais em desperdiçar o tempo de seus funcionários em tudo, desde o uso de tecnologias de RH ultrapassadas até a exigência de presença física no escritório, alimentando uma visão nostálgica e ultrapassada da natureza do trabalho. O custo de oportunidade é imensurável. *Oscilação da confiança: empatia.*

6. **Conforto com danos colaterais.** A parte de "quebrar coisas" de "Ser rápido e quebrar coisas", que pode ser incorporada à cultura de uma organização. Muitas vezes, apresenta-se como dessensibilização a danos não intencionais, sendo justificada por uma narrativa do tipo "Pelo menos, demos nosso melhor". Em geral, organizações que nunca tolerariam essa atitude quando se trata de algumas partes do negócio ("Pelo menos, demos nosso melhor para proteger nossos dados financeiros!") querem prêmios de consolação por *tentar* não prejudicar seus usuários e funcionários. *Oscilação da confiança: empatia.*

7. **Alta incidência dos "sustos de domingo".** Se um percentual significativo de seus colegas encara a perspectiva de ir ao trabalho com uma sensação iminente de desalento, então existe uma falha ou, no mínimo, uma tensão palpável na relação da empresa com seus funcionários. Às vezes, há um gerente não qualificado (ou pior) que levará a culpa, mas quando as pessoas estão vivenciando esse tipo de ansiedade por antecipação em escala, há um problema em nível de organização que precisa ser corrigido. Avance para quarta-feira, o que ajudará a entrar em contato com o verdadeiro preço do medo. (*Spoiler:* você verá uma pequena fração do que seu pessoal é capaz de contribuir.) *Oscilação da confiança: empatia.*

8. **Agradar as pessoas na sala de reuniões.** Padrão que se resume, essencialmente, ao nosso impulso humano de dizer às pessoas o que achamos que querem ouvir, particularmente quando elas podem impactar materialmente nosso futuro organizacional e/ou profissional. Não estamos falando de fraude ou de deturpações, mas, sim, de um hábito de omitir sutilmente, moldar e construir uma realidade. O impacto na confiança, neste caso, costuma ser maior do que pensamos, uma vez que nosso público tende a sentir quando está sendo gerenciado e é composto por excelentes detectores de verdades parciais. Saiba que o que eles realmente querem de você são informações que

lhes permitam ajudar a empresa a resolver problemas. *Oscilação da confiança: autenticidade.*

9. **Tolerância ao desalinhamento.** Sua equipe de marketing está preenchendo cheques que sua equipe de produto não pode descontar?* O desalinhamento em qualquer departamento da empresa é um problema, mas preste atenção às desconexões em nível organizacional. Vemos com frequência a lacuna entre estratégia e cultura — por exemplo, uma estratégia de inovação em camadas em uma cultura definida por seguir os padrões. *Oscilação da confiança: autenticidade.*

10. **Delírios de meritocracia.** Veja a hipocrisia: vocês disseram a si mesmos que são uma meritocracia, mas continuam contratando, promovendo e retendo os mesmos tipos de pessoas. Se os humanos nos altos escalões de sua organização têm pouca semelhança com o resto dos funcionários, com os clientes que você atende ou com a distribuição demográfica das comunidades em que opera, então asseguramos: não é uma meritocracia. *Oscilação da confiança: autenticidade.*

*Para nossos leitores mais jovens: um *cheque* era um pedaço de papel especial que você poderia transformar em qualquer valor em moeda que quisesse escrevendo em algumas linhas.

Dependendo da natureza do seu problema, você também encontrará um mundo de ótimos insights e frameworks além deste livro que o ajudarão a resolvê-lo. Incentivamos que faça sua lição de casa e use esses recursos, porém, o que mais nos importa é que você está agindo e tentando coisas novas *hoje*. Comece com as ideias de construção de confiança que você e seus colegas já têm, aquelas que lhe ocorrem agora, antes de ler outra página deste livro ou de qualquer outro. Comece a explorar seu já conhecido labirinto com a verdade libertadora de sua situação: você não tem ideia de qual será o caminho.

TESTE DE CORAGEM: Prossiga quando tiver uma teoria funcional sobre a oscilação da confiança no centro do seu problema.

Faça um Check-up do Modelo de Negócios

Alguns de vocês identificaram um problema na estratégia atual, na proposta de valor, na adequação de produto ao mercado ou no mecanismo de financiamento. Simplificando, vamos chamar essa categoria de "modelo de negócios". Você não está atendendo às necessidades dos stakeholders porque alguma parte da *lógica* do modelo de negócios é instável. Por exemplo, a confiança está desmoronando no setor aéreo nesse exato momento porque a lógica básica da proposta de valor atual do setor — altos preços de passagens em troca de um serviço não confiável — não faz sentido para nós, como consumidores.

Passe o resto do "dia" (isso pode levar algum tempo) trabalhando no Plano Bom o Bastante para consertá-lo — e depois teste e melhore esse plano com rigor e otimismo. O mantra para este trabalho é "maximizar novos bipes, minimizar o tempo". Na verdade, nossa sugestão é: largue gentilmente este livro, pelo menos por enquanto, e mãos à obra. Retome a leitura quando tiver reconquistado totalmente a convicção na viabilidade do seu modelo de negócios. Ou seja, agora você tem o luxo de resolver outros tipos de problemas.

Se já tem essa convicção, encorajamos que faça uma pausa e vários test drives. Mesmo que o principal desafio de confiança da Uber fosse estabilizar as oscilações de empatia nos relacionamentos com uma série de stakeholders (funcionários, motoristas, entes reguladores), a empresa também precisava convencer os acionistas da *lógica* de seu plano de negócios de longo prazo, especialmente no que diz respeito à sua estratégia para alcançar a lucratividade.[8] E ainda que algumas perguntas fossem razoáveis para qualquer um no estágio da Uber, a empresa precisava começar a respondê-las. Quando isso ficou claro, a empresa imediatamente começou a executar uma estratégia orientada pela lógica de se concentrar nos mercados mais defensáveis.[9]

É a abordagem que sugerimos. Embora sua(s) oscilação(ões) *primária*(s) possa(m) estar em outro ponto, certifique-se de que não haja falhas lógicas na base de seu modelo de negócios. Quando fomos convidadas por uma equipe para ajudá-la a reconstruir a confiança em um segmento-chave de funcionários, descobrimos que o desafio era mais complexo. De fato, determinados funcionários estavam perdendo a confiança na empresa, além de haver falhas na estratégia de negócios, que não era atualizada há décadas. As vendas estavam irregulares e os acionistas estavam ficando inquietos. Em vez de sequenciar esses desafios — mostrar mais *empatia* aos funcionários e, em seguida, mais *lógica* aos acionistas —, o desafio era fazer as duas coisas ao mesmo tempo e, com ambição e urgência, a empresa conseguiu.

O que nos leva à *interação de oscilações*. As oscilações dos acionistas, como os desafios do modelo de negócios, podem ser uma distração forte — particularmente em empresas jovens — e dificultar o foco nas necessidades dos funcionários.* Por outro lado, o conforto diante de danos colaterais ao produto pode minar a lógica de sua estratégia quando, por exemplo, seus usuários se recusam a continuar tolerando isso. Não é preciso desvendar todas essas relações, apenas esteja ciente de que elas provavelmente existem (e não perca a curiosidade depois de encontrar sua primeira oscilação).

Aprimore Seu Pessoal

Uma fonte comum de lógica organizacional oscilante é quando determinada mão de obra não tem todas as competências para atender às necessidades de determinado stakeholder. Em outras palavras, há alguma lacuna de *capabilidade* entre o trabalho que precisa ser feito e a equipe mobilizada para fazê-lo.** Embora essa lacuna seja mais comum em empresas de crescimento alto, nas quais as necessidades da organização estão mudando com

* Uma delas é a falta de investimento em um conjunto real de habilidades de RH, mesmo quando a empresa está repleta de funcionários.

** Em nosso trabalho, frequentemente usamos um framework que nosso colega Ryan Buell desenvolveu, que leva os líderes a considerar lacunas na *motivação* e na *permissão*, além *da capabilidade*. Por exemplo, embora uma equipe possa ser capaz, pode ser que não tenha outros impulsionadores de desempenho importantes, como um forte sistema de recompensa (motivação) ou direitos decisórios claros (permissão). Sugerimos que comece por abordar as lacunas de capabilidade, uma vez que são as mais comuns.

rapidez, atualmente vemos isso em todos os lugares, já que a complexidade de gerenciar *qualquer* empresa disparou. Simplesmente dizemos aos líderes que existe uma lacuna de capabilidade em suas operações. O desafio é identificá-la, antes que seja percebida por seus clientes e explorada por seus concorrentes.

Após identificar uma lacuna de capabilidade, você tem três opções para realizar experimentos sobre como mitigá-la: (1) aprimorar suas habilidades, (2) mudar a forma como funcionam ou (3) encontrar "novos" talentos (talvez nem todos sejam tão novos). Sugerimos começar com a primeira — também conhecida como *desenvolvimento* — ainda que, não raro, não seja o ponto em que muitas organizações gostam de começar. Se o padrão se mantiver, o desenvolvimento o levará mais longe do que o esperado e gerará todos os tipos de benefícios agradáveis no percurso, incluindo maior lealdade, engajamento e satisfação no trabalho de seus colegas, que aprendem e crescem a um ritmo mais rápido. Repita conosco: *minhas melhores pessoas querem melhorar a cada dia.*

As pessoas são o único investimento com a possibilidade de retornos infinitos, mas frequentemente esquecemos disso assim que elas se integram à equipe. Em uma pesquisa recente com 2.600 executivos da *Fortune* 1000, mais de 75% relataram que o desenvolvimento era inadequado em suas empresas.[10] Mesmo em organizações sofisticadas, mesmo que oportunidades e desafios do negócio continuem a crescer, permitimos irracionalmente que a curva de aprendizado de nossas equipes se estabilize. Essa abordagem nunca fez muito sentido, mas agora é definitivamente impensável diante da turbulência no mercado, do ritmo acelerado da tecnologia e das incertezas crescentes. A única chance que temos de acompanhar o ritmo das mudanças é nos adaptarmos e evoluirmos com rapidez. No mercado de trabalho, significa o desenvolvimento contínuo de nossas habilidades e das habilidades das pessoas ao nosso redor.

A ambiciosa Data University [Universidade de Dados, em tradução livre] do Airbnb foi construída com base nessa convicção. A empresa considera os dados como "a voz dos usuários em escala", que é o framing que amamos. Quando o Airbnb quis ouvir essa voz em todas as funções do negócio, primeiro, teve que resolver um problema lógico: somente uma equipe pequena e altamente técnica sabia como trabalhar eficientemente com dados. Em uma postagem de blog que mais parece um manifesto ("Como o Airbnb Democratiza a Ciência de Dados"), a empresa explicou que, embora "não fosse possível ter um cientista de dados em todas as salas, [ainda] precisávamos escalar nosso conjunto de habilidades".[11] Em vez de tentar contratações a fim de aumentar a capabilidade, o Airbnb implementou um programa exigente de estudos com trinta módulos, visando o treinamento de funcionários não técnicos para acessar, interpretar e integrar dados na tomada de decisões diárias. Poucos meses após lançar o programa, milhares de usuários ativos semanais estavam acessando a plataforma de dados central da empresa, quase 50% de sua folha de pagamento.[12]

Pense da seguinte maneira: a avaliação de desempenho anual agora está obsoleta, substituída por discussões de desempenho mais frequentes e menos formais, assim como o plano de desenvolvimento anual. Sugerimos no mínimo uma conversa trimestral com seus subordinados diretos sobre como vão aprimorar suas habilidades. O que farão *hoje* para melhorar? E *amanhã*? Para alguns de vocês, a criação do Plano Bom o Bastante destacará justamente essas perguntas aos seus colegas pela primeira vez.

A boa notícia? Encontrar respostas nunca foi tão rápido e acessível. Como o Airbnb, caso seu desafio seja escalar capabilidades ou transferir habilidades de uma parte da empresa para outra, talvez seja possível resolver o problema com recursos internos. Por exemplo, uma lacuna nas habilidades de gestão pode ser resolvida com sólidos programas de mentoria ou de coaching entre pares, possibilitando que os líderes aprendam uns com os outros. E se não for bem-sucedido com recursos internos, atualmente, existe uma ampla gama de recursos externos de treinamento com custo baixo ou zero, graças à distribuição digital e ao aprendizado remoto.*

Tenha em mente que o desenvolvimento pode ser *formal* (por exemplo, treinamento estruturado, coaching executivo) ou *informal* (como acesso a atribuições desafiadoras). O desenvolvimento formal tende a ser mais eficiente, sobretudo em ambientes que estão crescendo ou mudando rapidamente. A exposição e a experiência são professoras incríveis, porém muitas vezes não são escaladas com rapidez suficiente quando se precisa aprimorar um grande número de pessoas. Uma das lições de trabalhar com empresas em hipercrescimento é que, quando as organizações avançam a passos largos, raramente há tempo e espaço suficientes para treinamento e suportes informais o bastante, especialmente para os gerentes.

Nesses ambientes, uma característica do nosso trabalho é apostar na educação gerencial como forma de apoiar funcionários promovidos a

* *Dica de profissional:* Nosso colega Deepak Malhotra é uma das melhores mentes de negociação do planeta, e ele oferece conselhos *gratuitamente* em uma série de vídeos do YouTube que você precisa assistir.

cargos de liderança e que ainda não sabem atuar com excelência. Muitas vezes, as organizações que estão crescendo rapidamente cruzam os dedos e esperam que os gerentes adquiram todas as habilidades de que precisam antes de causar muita dor de cabeça aos seus subordinados diretos. Sempre que os executivos nos afirmam que não têm outra escolha, que os negócios simplesmente estão andando muito rápido, perguntamos: "E isso tem dado certo para você?" Não espere que outra pessoa faça essa pergunta. Questione-se sobre o nível de efetividade de sua estratégia de desenvolvimento ou, melhor ainda, pergunte aos seus funcionários. A resposta pode ser totalmente *ilógica*.

TESTE DE CORAGEM: Prossiga quando estiver pronto para investir descarada e continuamente no desenvolvimento de seu pessoal.

Mude a Forma como Trabalha

Para alguns de vocês, o caminho mais rápido a fim de melhorar o jogo de lógica da sua organização é mudar a forma como o trabalho acontece. É a categoria de experimentos que reimagina funções, responsabilidades, fluxos de trabalho, cadeias hierárquicas, estrutura organizacional e/ou direitos de decisão. Em nível individual, pode significar uma reestruturação do trabalho para que a pessoa tenha mais autonomia e capacidade de resolver problemas com eficácia. Em nível de equipe ou funcional, pode significar integrar a IA ao seu plano operacional ou recorrer à práticas de desenvolvimento ágil. Em nível organizacional, pode significar novos departamentos, coisas como serviços de back-end compartilhados ou experimentar uma semana de trabalho de quatro dias. Considere isso uma mudança no *como*, em vez de em *quem* ou em *quê*.

Mudar a forma como você trabalha também pode significar mudar a forma de fazer parceria com recursos fora dos limites formais da organização — outras pessoas e empresas que podem ajudá-lo a atender às necessidades de seus stakeholders com mais eficácia. Foi isso que a Apple fez quando abriu a App Store para desenvolvedores externos, aposta ousada na lógica que facilitou a vida dos clientes, mas não foi tão simples para a conhecida empresa insular.[13]

No início da década de 2000, quando Frances teve o prazer de falar com a equipe sênior da Apple, alguns anos antes do lançamento da App Store, um gatekeeper no processo pediu que ela enviasse os slides antes da sessão para garantir que atendessem aos famosos altos padrões de design da empresa. Nossos leitores mais fiéis não ficarão surpresos ao saber que o referido gatekeeper ficou chocado com o estado dos slides de Frances, que eram agressivamente sem inspiração (exagerei, querida?), limitados à arte de PowerPoint disponível na década anterior.* Informaram literalmente a Frances: "Você não pode exibir esses slides aqui." Ela ficou contente com a troca, criando uma história de abertura fantástica para o novo foco de sua apresentação: os riscos estratégicos das organizações isoladas.

Nosso objetivo é simplesmente estar aberto a experimentar soluções *sistêmicas* para o seu problema. Assegure-se de que os sistemas sob seus cuidados — ou, pelo menos, sujeitos ao seu charme e influência — sejam integral e radicalmente responsáveis por seus resultados. Quando escrevemos sobre esse desafio em nosso primeiro livro, o capítulo foi intitulado como "Não é Culpa de Seus Funcionários".[14] Nele, descrevemos uma experiência frustrante com o serviço de atendimento, algo com que a maioria de nós lida semanalmente. Ressaltamos que o atendente exasperado de serviço provavelmente monitora até oito telas ao mesmo tempo enquanto tenta ajudar clientes de todas as culturas, idades e níveis de especialização com uma gama explosiva de necessidades de produtos e serviços. Dados os investimentos típicos em salário e treinamento, essa pessoa é um comunicador eficaz sem a capacidade de resolver problemas técnicos ou um técnico competente com habilidades interpessoais limitadas, e nenhum desses dois pode ajudá-lo de forma confiável.

É claro que o "vilão" nessa falha de desempenho não é o atendente sobrecarregado e pouco qualificado de serviço; é o sistema em que esse funcionário foi jogado — um sistema que prepara as pessoas para falhar. Gostamos de citar Robert McDonald, ex-secretário do Veterans Affairs [Departamento de Assuntos de Veteranos dos Estados Unidos], pois muitas vezes ele apontou que "as organizações são perfeitamente projetadas para obter os resultados que obtêm [...] se você não gostar dos resultados, precisa mudar o design". Um veterano de mais de 30 anos da Procter & Gamble, em

* Esses slides ainda não foram atualizados.

que acabou exercendo o cargo de CEO e presidente, McDonald adotou uma abordagem holística para resolver problemas, que lhe permitia agir rapidamente e consertar as coisas em um Departamento de Assuntos de Veteranos em expansão e resistente a mudanças. Em vez de culpar os funcionários, responsabilizou total e radicalmente o ambiente em que trabalhavam.[15]

Mesmo que uma parte de você pense que a solução para o seu problema é encontrar pessoas melhores (daqui a pouco, falaremos disso) ou que seu pessoal simplesmente precisa se esforçar mais (também falaremos disso), deixe de lado seu ceticismo. Por enquanto, descarte essa variável dos funcionários e teste todas as *outras* partes do sistema que podem ser responsáveis pelo seu problema. Ao começar a investigar, considere que pode estar operando com normas, estruturas e divisões de trabalho herdadas que foram projetadas para um momento diferente na história da sua organização — ou para uma organização completamente diferente. Não há nenhuma regra, por exemplo, que diga que se deve ter equipes estáveis ou apenas um CEO ou funcionários da linha de frente com menos direitos de decisão do que seus chefes.

Recentemente, a tradicional livraria Barnes & Noble encontrou uma maneira de competir novamente com a Amazon, permitindo que os gerentes de suas lojas personalizassem a experiência de atendimento e a variedade de produtos, representando uma abordagem bastante inovadora para os grandes varejistas. "Acabo levando o mérito", refletiu James Daunt, o CEO, "mas, na verdade, o que estou fazendo é sair do caminho das pessoas e deixá-las administrar livrarias decentes".[16] Esteja disposto a adotar a perspectiva de Daunt para qualquer escolha operacional que sua organização tenha feito, não importa há quanto tempo esteja fazendo isso ou quantos de seus concorrentes façam as mesmas coisas.

Você nem precisa de *títulos* para suas novas formas de trabalhar se isso não fizer sentido para a empresa. Quando a Gusto, a plataforma de RH altamente avaliada (pense em folha de pagamento, benefícios etc., tudo em um só lugar), aplicou a substituição de cargos por descrições funcionais, Jessica Huen, head of people [gestora de pessoas] da empresa na época, explicou a decisão da seguinte maneira: "Tivemos muitas discussões internas. Importa dizer se uma função é sênior ou júnior? A este ponto, é realmente necessário diferenciar um desenvolvedor back-end de um front-end?"[17]

Em resposta à mudança, Huen presenciou a expansão na gama de talentos que se candidatavam aos postos de trabalho: "Segundo nossos gerentes de contratação, pessoas incríveis estão aparecendo — pessoas que nunca teriam se candidatado antes às vagas porque todos esses títulos os impediam de tentar."[18] Mas o impacto mais interessante da mudança foi cultural. "Não ter mais títulos também nos impactou em um nível psicológico", acrescentou Huen. "Agora, fulano não é um defensor sênior do atendimento ao cliente; ele simplesmente faz parte da equipe de atendimento. Essa ligeira mudança textual captura a natureza colaborativa do que estamos tentando realizar aqui." Acredite em Huen: neste ponto do desenvolvimento do seu Plano Bom o Bastante, você tem o poder de questionar *tudo*.

TESTE DE CORAGEM: Prossiga quando estiver disposto a responsabilizar o design de sua organização por seus resultados.

Identifique "Novos" Talentos

O terceiro grande desbloqueio de confiança é encontrar novas pessoas com as habilidades para resolver seu problema, e sugerimos começar a busca perto de casa. Antes de procurar talentos fora do negócio, certifique-se de não estar negligenciando alguém em sua equipe que possa estar pronto para assumir esse trabalho. Como Ryan Roslansky, CEO do LinkedIn, disse recentemente: "O seu próximo melhor funcionário é provavelmente o seu funcionário atual."[19]

Chamaremos essa parte do seu plano de experiências de *promoção*, e ela inclui quaisquer novas ideias para aumentar a mobilidade baseada no mérito dentro da empresa. O avanço é uma aposta lógica confiável que oferece melhores resultados do que a contratação externa: na maioria das vezes, contratados externos têm um desempenho pior no trabalho, deixam o cargo mais cedo e custam mais.[20] A promoção também tem poderosas externalidades de empatia, pois transmite a todos que os funcionários são stakeholders vitais. *Você vê nossa centralidade e nos valoriza de acordo.*

As empresas que se destacam na promoção têm mercados internos de talentos e esses mercados funcionam bem, o que é mais difícil de implementar do que se pode imaginar. Pense em processos transparentes e rigorosos para recrutamento e seleção internos. Imagine culturas definidas pela responsabilidade ativa, nas quais as pessoas estão defendendo outras, mesmo quando não estão na sala. Pense em sistemas de recompensas proativos, nos quais os funcionários são progressivamente compensados por suas crescentes contribuições para a empresa, sem a necessidade de reivindicar reconhecimento ou recorrer a táticas agressivas, como buscar ofertas externas.

Nem pense em subestimar seus funcionários atuais oferecendo salários abaixo do mercado, ao mesmo tempo em que se esforça para pagar valores altíssimos por novas contratações externas que pareçam mais promissoras. *Nem pense* em culturas nas quais as oportunidades são direcionadas a quem se movimenta politicamente por elas. *Nem pense* em oferecer vagas que já estão preenchidas antes mesmo de postar o trabalho (ou seja, depois que essencialmente já encontrou a pessoa).* A propósito, as empresas subestimam com frequência a quantidade de ceticismo que esse comportamento gera e o quanto é desanimador para as pessoas que participam do que acaba parecendo um teatrinho de contratação.

Mesmo quando se lidera uma pesquisa interna de boa-fé, há o risco de que um processo de contratação destrua mais confiança do que construa. Uma forma de reduzir esse risco é dar aos candidatos um feedback robusto sobre por que *não* conseguiram um emprego. Foi isso que Mignon Early, vice-presidente de DEI na Fresenius Medical Care, fez quando projetou um programa-piloto para transformar a rejeição de candidatos internos — um momento difícil em qualquer organização — em uma oportunidade de aprendizado. Quando Early postou vagas para uma nova função que estava criando, sessenta candidatos internos se candidataram a três vagas, muitos trazendo perspectivas e habilidades interessantes para a função. Sua equipe de contratação se reuniu com todos os candidatos internos não selecionados para explicar os motivos pelos quais não foram escolhidos e para discutir suas metas de carreira, planos de desenvolvimento e interesse em outras vagas disponíveis na empresa.

Ao refletir sobre o piloto, Early nos disse: "Deixamos de nos preocupar com as consequências de nossa decisão para ter conversas reais com muitas pessoas excelentes sobre seus futuros e metas de carreira." Algumas acabaram se tornando embaixadoras da equipe de Early. "A experiência delas foi, por fim, positiva, e além disso, entenderam verdadeiramente

* Segundo nossa experiência, isso raramente acontece de forma explícita ou fraudulenta, mas os custos culturais do comportamento são os mesmos.

o que estamos tentando construir aqui." O piloto de Early destaca uma oportunidade perpetuamente perdida em recrutamento e promoções: embora muito mais pessoas estejam sendo rejeitadas do que aceitas, dentre elas, muitos colegas que continuarão integrando seu ecossistema de maneira importante, as empresas geralmente dedicam pouco tempo pensando na mecânica e sinalização dessa rejeição.*

A promoção, quando bem feita, também garante que não estejamos subestimando colegas por conta de um rótulo de "potencial" utilizado de maneira demasiado restritiva. Tiffany Haddish, comediante e atriz, fez da expressão "she ready" [ela está pronta, em tradução livre] um lema profissional, usando-a até mesmo nos nomes de sua produtora e fundação. O talento de Haddish foi negligenciado em vários pontos de sua carreira, apesar de sua capacidade de dominar alguns dos maiores palcos do mundo.[21] Quando nos encontramos em reuniões de talentos, muitas vezes ouvimos a voz de Haddish como um desafio para garantir que não se descarte ninguém de forma prematura ou que considerem que um candidato "não está pronto para os holofotes". Mais de uma vez, usamos essa frase como forma rápida de comunicação entre nós quando vemos alguém com uma capacidade que o resto da sala não está vendo.

Talvez você decida que *não pode mesmo* promover internamente — apenas certifique-se de tomar essa decisão com rigor suficiente. Claire Hughes Johnson, ex-COO da Stripe (e atual diretora corporativa e consultora), usa uma matriz de tomada de decisão de cinco etapas antes de optar pela busca externa, ferramenta que precisa ser testada dentro de sua própria organização. Para contextualizar, Hughes Johnson ajudou a aumentar a Stripe de menos de 200 funcionários para mais de 6 mil — e de milhões em receita para *bilhões*. Em vários pontos de sua gestão de rápida mudança orientada à soluções, ela liderou operações de negócios, vendas, marketing, suporte ao cliente, gerenciamento de riscos e todas as funções de pessoal da Stripe. Seja qual for o problema que você está enfrentando esta semana, Hughes Johnson provavelmente resolveu alguma variante dele. Ao avaliar o talento interno para promoção, ela desafia os líderes a refletirem sobre as seguintes perguntas: "Na empresa, eu, ou outras pessoas, podemos apoiar e ajudar a capacitar determinada pessoa para aprender o trabalho nos próximos seis

---

* Vemos com frequência esse mesmo algoritmo de oportunidade perdida em investimentos em estágio inicial, organizações de membros e culturas de talentos em ascensão.

meses?" Somente com um "não" de forma convicta é que Hughes Johnson diria: "Ótimo! Então contrate."*

O recrutamento externo é outro processo de negócios que está pronto para ser testado. O objetivo do recrutamento externo é ser bom em contratar *pessoas que você ainda não conhece* (mais sobre esse desafio amanhã), ou seja, pessoas com novas redes de contatos, influências e experiências de vida para a empresa. Para sair da própria rotina de contratação, a Stripe realizou como experimento uma competição de desenvolvimento chamada Capture the Flag (CTF), que gerou buzz no setor e expôs a empresa a desenvolvedores excepcionais que *ainda não conhecia*. O evento inaugural atraiu 12 mil participantes distintos, e 250 deles descobriram solucionar o desafio do CTF. Todos os 12 mil eram novos bipes em forma humana — e 250 se tornaram alvos de alto valor para o pipeline de contratação em expansão da empresa.[22]

TESTE DE CORAGEM: Prossiga quando souber quais recursos estão faltando – e se a única maneira de obtê-los é contratando novas pessoas.

Tome Decisões Difíceis Relacionadas às Pessoas

Ao longo da última década, trabalhamos com inúmeros executivos seniores, muitos deles em circunstâncias desafiadoras. O arrependimento raramente nos ocorre, mas quando ocorre, quase sempre é por não sermos rápidas o bastante para desligar alguém que não era mais adequado para a empresa. Nesta seção, falaremos menos sobre a execução de experimentos inteligentes e mais sobre como superar os obstáculos para tomar medidas inteligentes. Em praticamente todas as organizações que demos consultoria, houve uma

* Hughes Johnson decidiu compartilhar essas perguntas e 446 páginas adicionais de insights em seu livro *Scaling People*, manual operacional com nuances para qualquer pessoa que desenvolva uma empresa com ambição. Caso esteja procurando experimentos para executar neste ponto da história, o convidamos a escolher qualquer página em seu livro para se inspirar.

decisão difícil sobre pessoas que os líderes hesitaram em tomar. Terça-feira é um convite para finalmente fazer isso.

A habilidade de encerrar relações com funcionários de forma gentil está entre os atributos de liderança tática mais importantes. Em *Unleashed*, oferecemos orientação sobre como fazer, de modo que honre a dignidade das pessoas que estão sendo dispensadas, desde as indenizações trabalhistas até o momento e o local da discussão.[23] Ressaltamos que, embora de alguma forma tenha se tornado prática padrão fazer com que os funcionários dispensados se sintam como criminosos, o risco de retaliação raramente justifica a humilhação que causamos ao saírem da empresa. Tratam-se de escolhas que são investimentos em empatia pela pessoa central do processo de desligamento, mas você também está deixando claro para todos que ninguém será desumanizado sob sua supervisão.

As demissões *podem* aumentar a confiança ao nível de empresa, transmitindo a clareza das necessidades de negócios (lógica), a disposição para defender qualquer padrão de desempenho que se tenha definido (autenticidade) e a *não tolerância* a comportamentos improdutivos (empatia). Em geral, as decisões de dispensa — e sua execução desajeitada — acabam minando a confiança, não aumentando. Por exemplo, estudos evidenciam que demissões feitas de modo inadequado ou motivadas de forma equivocada raramente ajudam os líderes seniores a atingir seus objetivos. Embora possam *parecer* um progresso, podem ser um obstáculo contraintuitivo às principais métricas de desempenho, incluindo a lucratividade. Entre os maiores impulsionadores estão a menor satisfação no trabalho e maior êxodo de funcionários remanescentes, incluindo os melhores.[24]

No momento em que escrevíamos este livro, a indústria tecnológica estava oferecendo ao mundo sólida educação sobre essas dinâmicas de alto risco. Atualmente, o setor está enfrentando ondas de demissões após contratações prodigiosas durante os picos de demanda da pandemia. Como muitas dessas decisões parecem lógicas para os acionistas, o mercado está recompensando as empresas que dispensam trabalhadores com alta no valor das ações. Entretanto, com os estudos sobre demissões como um ponto de contato, não acreditamos no impacto de algumas dessas decisões. Em nossa experiência, o caminho para a Excelência Acelerada não está repleto de anúncios de demissão.

Como essas demissões se encaixam em sua estratégia de mudança maior? Como conectam a empresa partindo de seus desafios atuais ao sucesso futuro? Essas são as mesmas perguntas que seus melhores funcionários lhe farão, e que você mesmo precisa fazer para alcançar esse futuro. Na quinta-feira, exploraremos a importância e a mecânica do storytelling de mudança e fornecemos uma prévia aqui: reduzir o pessoal de forma concreta é uma grande decisão da empresa, que precisa de uma história, mesmo em momentos como o atual, quando todos estão fazendo isso.

Por fim, algumas observações sobre a dispensa de funcionários que estão causando danos, culturalmente ou de outra forma. Primeiro, verifique se sua análise está correta. Trabalhamos com uma equipe que mais do que depressa rotulou uma nova funcionária (vamos chamá-la de Anita) como "tóxica", pois estava se desviando do padrão relativamente estreito de comportamento avesso a conflitos da empresa. Em vez de mudar a forma como sua nova colega aparecia no local de trabalho, era do interesse da empresa, neste ponto de sua trajetória, adotar um pouco da energia determinada e competitiva de Anita.

Quando estiver confiante na sua avaliação de dano real, seja rápido. Costumamos dizer que a mudança organizacional pode consertar pessoas boas que se comportam mal, mas não pode consertar pessoas ruins que se comportam mal — funcionários com um padrão estabelecido de más intenções, discriminação ou má conduta. Acreditamos que sua única opção defensável para a última categoria é cortar os laços dessa pessoa com a empresa. Em nossa experiência, não há muita gente assim em nossos corredores organizacionais, mas elas podem causar danos tremendos em níveis individuais, de equipe e organizacional.

Para ficar claro, não estamos descartando a reabilitação de ninguém, mas isso não precisa acontecer sob sua supervisão se houver um alto preço pessoal e cultural pelo comportamento de alguém. O custo de desumanizar os outros — no mínimo — deve ser abrir mão do privilégio de estar perto deles. Novamente, determinar quem está neste campo requer um processo bom, justo e transparente, bem como confiança institucional nos resultados desse processo. A justiça das ruas não ajuda ninguém.

TESTE DE CORAGEM: Prossiga quando tiver clareza sobre quem deixar ir – e um plano para fazê-lo de uma maneira que construa mais confiança do que destrua.

Não Faça Disso uma Questão Pessoal

Nos dias de hoje, a empatia é a oscilação mais frequente que vemos nas empresas. Quando a ansiedade toma conta, a empatia tende a recuar — gerando tempos de ansiedade. É difícil se concentrar em outras pessoas quando temos partes dentro de nós gritando sobre ameaças à nossa sobrevivência.* (A propósito, não é que a avaliação de ameaças esteja necessariamente errada; é que a autodistração não o levará muito longe.)

Remanejamos esta seção para o final do capítulo porque as oscilações de empatia tendem a se apresentar intensamente, muitas vezes na forma de clientes prejudicados ou empregados frustrados, apontando todas as maneiras pelas quais a empresa os decepcionou. E embora eles tenham conquistado o direito de exigir sua atenção, essa intensidade também pode obscurecer outros problemas, que podem estar na raiz da empatia oscilante da empresa. Se os sistemas são perfeitamente projetados para obter determinados resultados, então algo *sistemático* pode estar atrapalhando a resposta às necessidades de um determinado stakeholder.

No mínimo, algo sistemático fará parte da solução, por isso queremos que você se envolva plenamente com parte do seu Plano Bom o Bastante com a compreensão profunda de seus pontos fortes e fracos operacionais, particularmente quando se trata de seu pessoal *como um todo*. Trabalhamos com um sistema hospitalar cujos médicos externos estavam cansados de serem tratados como inferiores. Eles eram parte essencial da equipe de atendimento ao paciente e, no entanto, tinham acesso limitado a ferramentas básicas, como registros completos do paciente. Para que se chegasse a uma solução foi preciso começar questionando as crenças da empresa sobre quem eram esses médicos, incluindo a suposição equivocada de que eram

* Oi, tio Dick!

mercenários que colocavam o dinheiro acima da vocação (na verdade, a maioria tinha personalidade empreendedora e estava animada pelo desafio de construir a própria clínica). Mas rapidamente passamos de modelos mentais para soluções-piloto muito práticas, e todas estavam na categoria de operações mais elegantes: sistemas de TI inclusivos, um processo de crachá de visitante que não era complicado, um guarda-volumes e permissão para receber chamadas telefônicas no trabalho. Essas mudanças mudaram drasticamente a dinâmica interpessoal da equipe.

Vamos começar com intervenções lógicas para ajudar a melhorar seu tempo de resposta diante da oscilação. A moeda de troca da empatia geralmente são as melhorias de capacidade que permitem atender melhor às necessidades de qualquer stakeholder que esteja sendo desvalorizado. Quando a Uber se propôs a estabilizar sua empatia com colaboradores, motoristas e utilizadores, as experiências inteligentes que a empresa realizou começaram com a revisão de seus valores, resultando em "Fazemos a Coisa Certa. Ponto final", um sinal inequívoco de empatia: daquele momento em diante, nem tudo seria sobre a empresa. Mas o resto das ideias veio do lado lógico do livro-razão: nova funcionalidade de gorjeta do motorista, novos recursos de segurança do passageiro, investimentos em processos de RH melhores.[25]

Converse diretamente com as pessoas que decidiram que tudo é uma questão pessoal, mesmo que signifique revisitar algumas atividades de segunda-feira. Trabalhe para entender sua perspectiva, tanto sobre os fundamentos dos problemas quanto sobre a arquitetura de possíveis soluções. Resista à tentação de pular esta etapa se o que stakeholder quiser de você for óbvio. Gloria Steinem, ativista e ícone, costuma contar uma história sobre seu encontro com uma tartaruga quando era uma estudante de geologia relutante no Smith College.* Ao sair de uma palestra nas margens do rio Connecticut, Steinem viu uma tartaruga confusa longe do rio e gentilmente a devolveu ao seu habitat aquático (a história está prestes a ficar mais emocionante). "Assim que eu a coloquei na água e a observava nadar para longe, meu professor de geologia veio me falar. 'Sabe', disse ele, calmamente, 'aquela tartaruga provavelmente passou um mês rastejando pela trilha na terra para depositar seus ovos na lama ao lado da estrada'. Steinem se sentiu péssima, é claro, mas não internalizou a lição de liderança até começar a jornada para se tornar uma agente de mudanças global: "Levei muitos

* Frances, não consegui encontrar outro lugar para colocar animais no manuscrito.

anos para perceber que essa parábola havia me ensinado a primeira regra de organização. Sempre pergunte à tartaruga."[26]

As empresas que se destacam na empatia estão em diálogo ativo com suas "tartarugas" (leia-se, stakeholders) e muitas vezes têm bons sistemas de detecção de oscilação. Hamdi Ulukaya, fundador e CEO da Chobani, construiu um império global de iogurte priorizando os clientes como foco do negócio, operacional e culturalmente. Um experimento que Ulukaya realizou nos primórdios da empresa foi colocar o próprio número de telefone nos potes de iogurte para que os clientes pudessem ligar diretamente para ele e passar feedback.[27] Mas o que aconteceu foi o que fez diferença na empatia. Ulukaya teve um sucesso incrível porque, quando o telefone tocava, ele ficava fascinado com o que a pessoa do outro lado da linha tinha a dizer.

TESTE DE CORAGEM: Prossiga quando identificar os stakeholders que não estão convencidos de que a organização realmente se preocupa com eles.

Fale, Mas Faça

Em 2022, a Patagonia, marca de roupas esportivas, declarou que "nosso único acionista agora é a Terra". A declaração explicava uma transferência fortuita de propriedade de Yvon Chouinard, o fundador, para duas novas entidades (um trust, uma sem fins lucrativos) cuja missão era combater agressivamente a crise climática. Nessa nova estrutura experimental, todos os lucros não reinvestidos no negócio — projetado para ser de cerca de US$100 milhões por ano — seriam usados para financiar organizações e atividades que protegessem diretamente o planeta. "Em vez de extrair valor da natureza e transformá-lo em riqueza", explicou Chouinard, "estamos usando a riqueza que a Patagonia cria para proteger a fonte [...] estou empenhado em salvar este planeta".[28]

Chouinard não precisava esclarecer sua determinação. O mundo já sabia. A Patagonia tem consistentemente liderado a lista das marcas mais confiáveis nos negócios norte-americanos.[29] A empresa não obteve esse reconhecimento porque seus valores são universalmente compartilhados, mas porque estão inabalavelmente alinhados com as decisões ousadas que tomou como empresa por quase 40 anos. Atualmente gerando mais de US$1 bilhão em vendas anuais, a empresa doa 1% de todas as receitas para grupos ambientais desde 1985. Não raro, tem sido a primeira e a melhor na utilização de materiais reciclados, na proteção dos direitos trabalhistas e na redução do impacto ambiental de seus processos de fabricação. Suas lojas e escritórios são fechados regularmente para que os funcionários possam fazer coisas que são mais importantes para o destino do planeta do que seus empregos diários, como votar no dia da eleição. A empresa chegou a processar o governo dos EUA por uso indevido de terras públicas.[30]

A falta de contradição entre as palavras e condutas da Patagonia é um dos melhores exemplos corporativos que conhecemos de *autenticidade* em escala. Sim, a empresa compete rigorosamente em *lógica* (veja a curva de receita, para cima e para a direita) e revela profunda *empatia* com seus clientes (veja os processos de devolução radicalmente elegantes), funcionários e fornecedores, mas o que impulsiona a confiança descomunal dos consumidores na Patagonia é sua disposição de praticar com autenticidade seu discurso ambiental. A empresa simplesmente *é* quem diz ser e *faz* o que diz que fará. Ponto final.

Lembre-se de Chouinard enquanto procura por oscilações de autenticidade em sua organização e faça do conserto delas parte de seu Plano Bom o Bastante.[31] Muitas vezes, essas falhas se manifestam como falta de alinhamento entre algo que você disse a um stakeholder e sua capacidade (leia-se: vontade) de cumpri-lo plenamente. Com frequência, empresas de mídia social acabam na parte inferior das listas em que a Patagonia lidera devido ao padrão da indústria de afirmar algo com veemência e depois fazer algo completamente diferente, como afirmar que as regras se aplicam a todos e, em seguida, tolerar violações de usuários influentes.[32] No entanto, as discrepâncias também podem surgir de formas menos drásticas, como quando sua equipe de marketing exagera as qualidades de seu produto. Em geral, as discrepâncias derivam de problemas organizacionais mundanos, como comunicação deficiente ou aversão a conflitos.

Em nosso trabalho, muitas vezes refletimos sobre a navalha de Hanlon: *nunca atribua à malícia o que pode ser adequadamente explicado pela* *negligência.** Em geral, pessoas que invocam essa máxima substituem a palavra *negligência* por *incompetência* ou *estupidez*, mas são palavras desnecessariamente críticas. Em nossa experiência, a negligência é a escolha editorial correta porque a maioria das oscilações de autenticidade da empresa são explicadas por falhas nos processos ou colaboração negligente entre partes distintas do negócio. E embora possa não ter havido intenções ruins de ninguém, não é assim que seus stakeholders desconfiados verão.

O problema é que é *ruim* estar na ponta receptora de uma oscilação de autenticidade. Recentemente, a United Airlines foi notícia por perder a bagagem despachada de uma passageira esperta, que havia colocado uma Apple AirTag dentro de sua mala a fim de justamente se proteger contra essas situações de impotência. Ou seja, ela sabia que estava recebendo informações erradas do representante da companhia aérea, que lhe assegurou que a empresa tinha tudo sob controle. Enquanto a United pedia à passageira frustrada que se acalmasse, ela estava rastreando sua mala em tempo real, que foi até um McDonald's, um shopping center suburbano e, finalmente, até um complexo de apartamentos aleatório.[33]

A passageira documentou sua provação no Twitter e finalmente tuitou, exasperada: "Gostaria que todos soubessem que @united perdeu minha mala e está mentindo sobre isso." Por fim, ela conseguiu sua mala de volta, mas como as conspirações são boas para a audiência, a história terminou com duas equipes de reportagem de TV aparecendo no complexo de apartamentos — e com todo mundo que acompanhava a história se questionando se poderiam confiar na United Airlines. Enquanto isso, a falha no serviço provavelmente seria evitável com melhores sistemas de comunicação e gerenciamento mais ativo de fornecedores, processos de negócios que muitas vezes imploram por uma experiência mais ativa. Na declaração da United sobre o incidente, a empresa explicou que "o serviço prestado por nosso responsável pela entrega de bagagem não atende aos nossos padrões". Trabalhamos nisso tempo suficiente para saber que provavelmente não é a primeira vez que esses padrões deixam de ser atendidos.

---

* Para nossos leitores com hobbies mais interessantes do que palavras: navalha é um termo filosófico para descrever uma teoria do comportamento humano. Em termos específicos, essa navalha é atribuída a um homem chamado Robert Hanlon, de Scranton, Pensilvânia, mas alguém chamado *Heinlein* também pode ter feito essa observação algumas décadas antes. Aprendemos a nunca apostar contra Scranton, então estamos dando todo o crédito a Hanlon.

Não espere que as equipes de reportagem apareçam para descobrir em que ponto você está dizendo uma coisa ao público e fazendo outra. Use tudo o que tem para encontrar suas oscilações de autenticidade e executar experimentos inteligentes sobre como estabilizá-las, incluindo maneiras piloto de mudar uma cultura organizacional que revelou uma disposição a tolerá-las. Amanhã falaremos mais sobre como criar o espaço para a autenticidade *individual* — também conhecida como inclusão —, mas, por ora, priorize consertar a mecânica de qualquer quebra de autenticidade sistêmica. Posicione-se para se certificar de que a *empresa* fala o que faz e faz o que diz.

Ao fim, comemore o progresso de hoje. Se você fez até mesmo uma fração do que propusemos, então seu Plano Bom o Bastante agora é um Plano Ainda Melhor. Lembra-se daquelas bebidas de adulto que separou? Agora tem a nossa bênção para cair dentro e refletir sobre a sabedoria de Jim Koch, lendário cofundador e presidente da Boston Beer Company, que é amplamente visto como o pai do movimento cervejeiro artesanal norte-americano. Quando perguntamos sobre a ascensão meteórica de sua empresa, Koch respondeu: "Tratamos o tipo certo de falha como perfeitamente aceitável." O trabalho de terça-feira é abraçar essa mentalidade e ver quanta confiança você pode gerar à medida que avança.

TESTE DE CORAGEM: Prossiga quando tiver priorizado a confiança.

---

3 QUARTA-FEIRA

Faça Novos Amigos

Seja qual for o problema que está sendo seu alvo esta semana, será melhor resolvê-lo com pessoas que ainda não pensam como você — gente com diferentes perspectivas, suposições e vivências no mundo. Sabemos que já ouviu isso antes, mas hoje é sua chance de praticar. A quarta-feira é o dia de aprimorar seu Plano Ainda Melhor aproveitando a humanidade plena de sua equipe. O tema do dia é *inclusão.*

Inclusão é o ato de criar condições para que outras pessoas prosperem, não apesar de suas diferenças como seres humanos complexos e multifacetados, mas precisamente *por causa* dessas diferenças. É o investimento supremo na confiança organizacional, pois acelera todos os três impulsionadores de confiança de uma só vez: quando os membros da equipe têm a liberdade de expressar suas diferenças individuais no trabalho, a equipe se torna mais propensa a atender às necessidades dos stakeholders com lógica rigorosa, empatia profunda e autenticidade alta e *menos* propensa às oscilações de confiança que exploramos ontem — os erros espontâneos que levam tempo para serem reparados. A inclusão cria um flywheel de confiança que lhe possibilita fazer todo o resto de forma mais rápida e melhor.

No fluxo e churn do debate sobre DEI, essa é a parte da história que às vezes fica confusa: a inclusão ajuda você a *vencer.*[*] Entre outras recompensas, a inclusão nos torna mais inteligentes, mais inovadores e mais lucrativos, aumenta nosso acesso coletivo ao conhecimento, possibilitando enxergar nosso cenário competitivo com mais clareza, e oferece tudo isso (e muito mais!) sem contratar muitas pessoas novas ou investir em tecnologia cara. (Veja "Dez Descobertas Deliciosas Sobre as Vantagens Competitivas da Inclusão"). Nenhum outro upgrade organizacional que está sendo contemplado pode competir com esse tipo de retorno. Por isso, vamos passar um "dia" inteiro debruçados nesse assunto, mesmo que você não o tenha identificado como um problema urgente. Não importa seu destino no mapa de CONSERTO, a inclusão catapultará sua empresa para mais perto do objetivo.

Não significa que a inclusão seja fácil de se alcançar. A outra parte da história que às vezes fica confusa é a verdade inconveniente de que construir uma organização inclusiva exige esforço. Não se pode reunir um grupo diversificado de pessoas e apenas esperar pelo melhor.[**] Na verdade, isso geralmente piora as coisas. Equipes diversas têm um desempenho comprovadamente pior do que equipes homogêneas, a menos que seja feito um trabalho prévio: tornar aquelas equipes inclusivas (na próxima seção, exploramos o porquê). No entanto, quando esse trabalho é feito, as equipes inclusivas acabam, para usar um termo "técnico", *ganhando de lavada* das outras. Podem ser mais lentas a curto prazo, mas aceleram com o tempo e geram melhores resultados de forma constante.[1]

---

* Alguns argumentaram, de forma persuasiva, que os imperativos éticos da inclusão devem ser suficientes para justificar o investimento nela. Nossa visão é uma perspectiva prática, tanto/quanto enraizada em suposições que atrapalham a mudança de cultura sustentável, e vimos isso acontecendo. Quando a inclusão é vista apenas como um bem moral, sem levar em conta seu valor total como ativo competitivo, muitas vezes deixa de receber recursos e atenção organizacionais suficientes.

** "Esperar pelo melhor" às vezes pode ser algo como o lançamento de alguns Grupos de Recursos para Funcionários e a realização de um treinamento contra preconceito inconsciente.

PAUTA DE QUARTA-FEIRA

1. Descubra por que fazer isso.
2. Localize-se no Inclusômetro.
3. Faça com que haja segurança física e emocional na pluralidade.
4. Faça com que haja segurança *psicológica* na pluralidade.
5. As boas-vindas se aplicam a todos, apesar de suas diferenças.
6. Celebre a singularidade em sua equipe.
7. Proteja a singularidade na escala organizacional.
8. Também se inclua.

Materiais Necessários para Hoje

- Mente aberta
- Software de levantamento
- Energia e convicção para melhorar as coisas, também conhecidas (casualmente) como espírito lésbico
- Disposição para deixar de lado suas suposições sobre inclusão baseadas na utilidade de seu último workshop de DEI
- Tentar ser uma pessoa complexa e multidimensional

Kevin Nolan, CEO da GE Appliances, ao refletir sobre sua campanha para construir uma empresa que pudesse competir e vencer na inclusão, afirmou: "A diversidade é desconfortável. Acho que foi vendida em treinamentos corporativos como se fosse tornar tudo um nirvana. Não vai, será mais desconfortável, porém você obterá melhores resultados." Conforme nossa experiência, Nolan tem razão, por isso que as organizações precisam de um *motivo* muito claro para passar por esse desconforto.

Uma forma de motivar o poder da inclusão é fomentar o "e se": e se uma equipe mais inclusiva estivesse dando as ordens? Teríamos consertado mais coisas — ou, no mínimo, quebrado menos? Kara Swisher, lendária jornalista de tecnologia e lésbica (nosso maior elogio), pensa que a internet, por exemplo, seria um lugar melhor. Swisher observou que "muitas das pessoas que desenvolvem as partes maravilhosas da internet — pensando em novos produtos legais para facilitar nossas vidas, distribuindo-os em todo o mundo e fazendo fortunas — nunca se sentiram inseguras um dia em suas vidas".[2] Ou seja, vemos o que acontece quando as pessoas encarregadas de cuidar da proteção ao usuário não têm ideia de como é depender dela.

E se as coisas tivessem sido diferentes? E se, usando o exemplo de Swisher, mais empresas tecnológicas fossem lideradas por mais pessoas que já sentiram arrepios de medo ao entrar no carro de um estranho, ou que foram assediadas no local de trabalho, ou que ficaram amedrontadas ou mesmo deslocadas por causa de algum aspecto de sua identidade? Temos certeza de que não estaríamos corrigindo tantos softwares, incapazes de prever tantos danos. Temos certeza de que não estaríamos criando tantos comitês grandiosos para estabelecer normas pós-fato sobre o comportamento do usuário. Temos certeza de que *estaríamos* vivendo em um mundo diferente e melhor para todos nós, projetado para a realidade de ser um humano vulnerável às vezes, ou seja, a vivência que muitos de nós suportamos.

Adivinhe quem constrói esse mundo diferente e melhor? A resposta é você, em toda a sua glória. Bem-vindo à quarta-feira.

Descubra Por Que Fazer Isso

Para não haver dúvidas, não são apenas os empregados sub-representados que se beneficiam da inclusão correta. *Todos* aproveitamos os espaços inclusivos, nos quais podemos expressar uma versão mais autêntica de nós mesmos para o trabalho. Nos sentimos melhor, conquistamos mais confiança e temos maior probabilidade de contribuir com nossas reservas exclusivas de conhecimento, informação e experiência.

Essa última — a parte da contribuição singular — é muito relevante sob o prisma do desempenho.* Fazer com que as pessoas compartilhem o *que sabem, sabendo que os outros não sabem* é a chave para boa parte desse lance de vitória. Esse padrão é explicado por algo chamado *efeito*

* Um dos nossos exercícios favoritos com alunos de MBA é uma simulação feita por Amy Edmondson e Mike Roberto, em que as equipes devem descobrir como sobreviver no topo do Monte Everest. Equipes que relatam sentimentos mais prementes de pertencimento ao grupo superam outras equipes de forma constante pela simples razão de que os indivíduos estão mais dispostos a compartilhar o que sabem de forma singular.

de informação comum, que parece bom e técnico, mas entrará em nossa história com uma trilha sonora assustadora e outras pistas sobre seus efeitos perniciosos[3].

O temido efeito de informação comum funciona assim: como seres humanos, tendemos a nos concentrar nas coisas que temos *em comum* com outras pessoas. Buscamos e afirmamos o conhecimento que compartilhamos, pois isso sinaliza nosso valor e afinidade com o grupo.* Em equipes diversas, por definição, esse instinto limita a quantidade de informações disponíveis para a tomada de decisões coletiva. Diversas equipes simplesmente têm menos conhecimento compartilhado para trabalhar, o que explica a lacuna de desempenho que mencionamos no início do capítulo. Equipes diversas geralmente têm desempenho inferior às equipes homogêneas se deixarmos o efeito de informação comum correr solto.

FIGURA 3-1

Informações disponíveis para equipes diversas e homogêneas

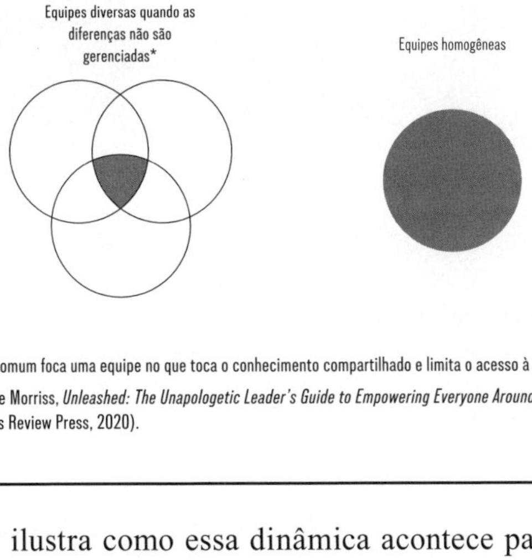

*O efeito de informação comum foca uma equipe no que toca o conhecimento compartilhado e limita o acesso à informação singular.

Fonte: Frances Frei e Anne Morriss, *Unleashed: The Unapologetic Leader's Guide to Empowering Everyone Around You* (Boston: Harvard Business Review Press, 2020).

A Figura 3-1 ilustra como essa dinâmica acontece para duas equipes de três pessoas (os círculos são as pessoas). Na primeira equipe, os três companheiros de equipe são diferentes uns dos outros e o conhecimento compartilhado é representado pela região de sobreposição dos círculos. Na segunda equipe, os três companheiros de equipe são tão semelhantes que

* Isso faz sentido evolutivamente, já que nossa sobrevivência dependia dessa afinidade.

estão uns sobre os outros; o conhecimento compartilhado é representado pelo círculo em sua totalidade.

Vejamos o que torna a inclusão tão importante para o seu desempenho: ela *cancela* o efeito de informação comum. A inclusão nos dá acesso às informações exclusivas de todos, não apenas às que compartilhamos. Quando montamos equipes diversificadas e inclusivas, que valorizam o eu singular e multidimensional de todos, conseguimos *expandir* a quantidade de informações que a equipe consegue acessar. As organizações começam a se parecer mais com a Figura 3-2, na qual uma equipe inclusiva de três pessoas tem o que precisa para ganhar das outras duas de lavada.

FIGURA 3-2

Informações disponíveis para equipes inclusivas

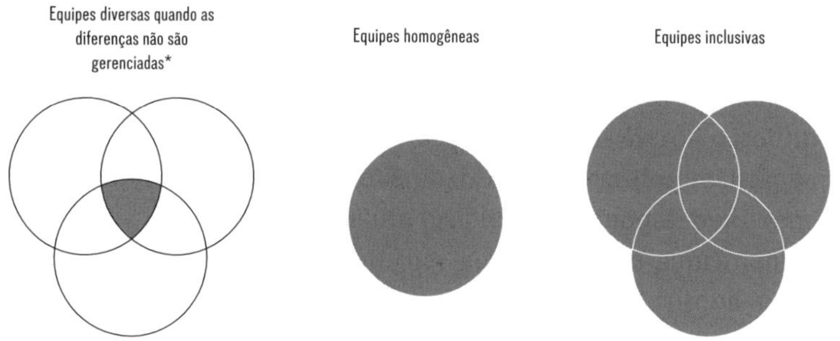

*O efeito de informação comum foca uma equipe no que toca o conhecimento compartilhado e limita o acesso à informação singular.

Fonte: Frances Frei e Anne Morriss, *Unleashed: The Unapologetic Leader's Guide to Empowering Everyone Around You*

Por isso, a distinção entre diversidade e inclusão é tão significativa. Em nossa experiência, muitas equipes que trabalham pela inclusão estão ficando presas no estágio de diversidade — recrutando pessoas plurais sem gerenciá-las de forma eficaz — e gerando frustração e ceticismo em relação aos próprios esforços de DEI. Elas estão efetivamente parando no meio da jornada de mudança e declarando o fracasso de forma prematura.

Quando Randall Peterson e Heidi Gardner, pesquisadores de inclusão, exploraram a distinção entre diversidade e inclusão nas diretorias, constataram que era a inclusão — não apenas a diversidade — que impulsionava o desempenho e a alta das ações.[4] Mas alcançar esse objetivo exige trabalho e tempo. O conselho de Peterson e Gardner sobre como acelerar as coisas refletem nossa experiência, incluindo o valor de líderes que sabem ouvir e o impacto de ultrapassar proativamente os limites identitários.

No resto do dia, exploraremos uma abordagem prática e rápida de inclusão, mas queremos começar convidando você a entrar em contato com o valor *sistêmico* desse esforço. Quarta-feira não é apenas sobre cuidar de um subconjunto de seus empregados, os Xs em uma equipe cheia de Ys, embora seja parte importante dela (especialmente se esses Xs estiverem desengajados e subvalorizados). Quarta-feira é sobre todos os outros também. Dennis Brockman, diretor global de inclusão e diversidade da Starbucks, esclarece isso com frequência: "Algo que digo muito, que é importante entender, é que inclusão não significa exclusão. Este trabalho não é apenas sobre nossos parceiros não brancos, também é sobre como queremos que cada parceiro tenha a oportunidade de ser incluído nesta organização."[5] Brockman identificou o fato motivador do trabalho de hoje: *toda* a organização fica melhor na presença da inclusão total — e muito pior em sua ausência.

Além do mais, significa que é nosso imperativo moral e competitivo criar espaços de trabalho em que desafios e oportunidades de inclusão sejam assumidos por todos, não apenas por quem é considerado "diverso". Como Bozoma Saint John, nossa amiga e uma das mais eficazes transformadoras do planeta, nos disse: "Por que eu, mulher negra, tenho que consertar tudo? Vocês têm muito mais culpa nisso do que eu. Precisamos de ajuda."

Dez Descobertas Maravilhosas sobre as Vantagens Competitivas da Inclusão

Embora seja desafiador mensurar um resultado complexo como a inclusão, os pesquisadores estão se tornando cada vez mais habilidosos nessa tarefa. Pessoas sérias estão trabalhando para identificar e quantificar os diversos efeitos da inclusão no desempenho da empresa, e os insights que estão gerando são convincentes. Vejamos uma lista de algumas de nossas descobertas favoritas, muitas das quais ainda costumam ser subestimadas.

1. **A inclusão ajuda a recrutar boas pessoas.** Atualmente, a inclusão é indicativo para todos os tipos de pessoas talentosas – não apenas as sub-representadas – de que você construiu um local de trabalho saudável e entende o que é preciso para se destacar coletivamente. Deve-se esperar que os candidatos procurem evidências de inclusão em tudo, desde no espaço de recrutamento até nas letras miúdas do seu pacote de benefícios. Por exemplo, pode ser que eles não precisem de planos de saúde com pacotes de fertilização para pessoas do mesmo sexo ou de serviços de mentoria de veteranos de guerra, mesmo que enxerguem isso como sinal de que você valoriza a diferença.[7]

2. **A inclusão ajuda a reter pessoas boas.** Esses mesmos candidatos permanecerão na empresa se você falar verdadeiramente sobre inclusão. A inclusão gera taxas mais altas de retenção em todos os níveis da organização, e alguns segmentos de funcionários (veteranos militares no topo da lista) recompensarão sua capacidade de valorizar sua contribuição única com a maior lealdade do setor que você ocupa.[8]

3. **A inclusão aumenta o engajamento do seu pessoal.** Os números de engajamento são consistentemente mais altos para empresas rotuladas como "inclusivas", e agora temos alguns dados interessantes que ajudam a explicar esses números. As empresas inclusivas *também* são quase três vezes melhores em treinar pessoas para melhorar o desempenho e quatro vezes melhores em identificar e formar líderes. Tornar as pessoas melhores é a chave para o engajamento delas, e a inclusão parece fornecer uma vantagem nesse aspecto.[9]

4. **A inclusão o torna mais resiliente.** Quando diferentes tipos de pessoas estão prosperando em sua organização, é mais fácil lidar com crises e "tempos turbulentos" em geral (nosso eufemismo de negócios favorito). Você fica mais adaptável, mais confortável com a mudança e melhor em lidar com problemas pessoais.[10] Um fato divertido: enquanto o S&P constatou um declínio de 35% no desempenho das ações entre 2007 e 2009 (lembra dessa tour?), as ações das empresas inclusivas foram no sentido oposto, ganhando mais de 14% em valor.[11]

5. **A inclusão aumenta o seu mercado.** Equipes inclusivas são melhores em identificar e cultivar novos mercados porque expandem a visão periférica de uma empresa e ajudam a eliminar seus pontos cegos.[12]

A presença de mais mulheres em papéis de tomada de decisão, por exemplo, melhoram a capacidade de uma empresa de resolver problemas das próprias clientes.[13] E isso antes mesmo de chegarmos às implicações macro da inclusão econômica. Por exemplo, o PIB dos EUA poderia obter um aumento de até US$25 bilhões se apenas 1% a mais de pessoas com deficiência ingressassem no mercado de trabalho.[14] Qual porcentagem desse aumento traria novos clientes para o seu negócio?

6. **A inclusão torna você mais inovador.** A inclusão cria uma meritocracia mais saudável para novas ideias, na qual a ocorrência do pensamento fora da caixa é mais provável.[15] Em parte, isso acontece porque as pessoas em organizações inclusivas são mais propensas a aparecer e ouvir *o que* de uma boa ideia, em vez de permitir que essa ideia seja diluída ou suprimida por um *quem* inesperado. A verdadeira inclusão garante quanta inovação a mais? Dependendo do seu ponto de partida, as estimativas variam de cerca de 20% até 70%.[16]

7. **A inclusão transforma vocês em melhores tomadores de decisão.** A qualidade da decisão aumenta quando uma variedade de vozes não é apenas presente, mas também integrada.[17] Em um estudo maravilhoso, as equipes exclusivamente masculinas superaram indivíduos em quase 60% das vezes, mas as equipes com diversidade de gênero superaram os indivíduos em quase 75%. Equipes com diversidade de gênero, geograficamente diversas e com pelo menos uma diferença de idade de mais de 20 anos tomaram decisões melhores do que o indivíduo isolado *87% das vezes*.[18]

8. **A inclusão ajuda você a gerenciar riscos.** No rescaldo da crise financeira de 2008, surgiu um argumento sério, o "Lehman Sisters", postulando que a história teria se desenrolado de maneira diferente se mais mulheres estivessem na sala das decisões com mais consequências. Desde então, estudos subsequentes exploraram esse argumento, concluindo que a inclusão de gênero na diretoria executiva está associada a uma relação mais saudável da empresa com o risco — nem excessivamente avessa ao risco nem em busca dele — e a um melhor desempenho geral.[19]

9. **A inclusão melhora o preço das suas ações.** Os aumentos estimados para os retornos dos acionistas variam de 10% a mais de 30% (sério) quando você acerta na inclusão.[20] Talvez seja por isso que o Goldman

Sachs anunciou recentemente que não mais realizará ofertas públicas iniciais para empresas cujos conselhos sejam formados exclusivamente por homens brancos e heterossexuais.[21] Seja qual for o retorno da inclusão da sua organização, a pergunta que costumamos fazer às empresas é: "O que mais você está fazendo para buscar esse tipo de retorno?"

10. **A inclusão faz você ganhar mais dinheiro.** Por todos os motivos que abordamos nos itens 1 a 9, a inclusão acaba impulsionando tanto o crescimento top-line quanto o bottom-line. Suas equipes talentosas e engajadas gerarão maiores receitas por meio de melhor inovação e desenvolvimento de mercado mais inteligente, permitindo que você gaste capital de forma mais eficiente por meio de uma melhor tomada de decisão, maior retenção e maior produtividade. E quando houver alguma turbulência ao longo do caminho, é mais provável que você pouse o avião com segurança. Esperamos viver em um mundo em que a inclusão é um dado organizacional. Até chegarmos nesse ponto, não conhecemos nenhuma outra distinção que possa oferecer esse tipo de vantagem.[22]

Temos o dia juntos para atender ao mandamento de São João, porém a moral da história é que não é tão difícil quanto parece. Como já mencionamos, a inclusão é uma meta urgente e alcançável que requer muito menos audácia do que causar disrupção em indústrias ou fazer organizações complexas crescerem — empresas fazem isso todos os dias sem que o medo e a confusão intervenham.

Perguntaram recentemente a Pat Gelsinger, CEO da Intel, por que sua empresa estava dedicando tanto tempo ao DEI — ele respondeu mais do que depressa: "Diversidade, equidade e inclusão aceleram a inovação, atraem os melhores talentos, aprofundam o envolvimento dos funcionários e melhoram o bottom-line."[6] Em nossa experiência, esse tipo de clareza, especialmente nos altos escalões da organização, pode ser extremamente útil para alcançar uma cultura de inclusão total — e à Excelência Acelerada que ela possibilita. Então por que *você* fará esse trabalho?

TESTE DE CORAGEM: Prossiga quando tiver esclarecido o caso da inclusão dentro da sua própria organização.

Localize-se no Inclusômetro

Vamos começar o dia com uma boa e antiquada revisão de termos. Uma cultura de inclusão tem quatro níveis: segurança, boas-vindas, celebração e proteção. Pensamos nessas distinções da seguinte maneira:

1. *Segurança.* As pessoas se sentem física, emocional e psicologicamente seguras no local de trabalho, independentemente de quem sejam.
2. *Boas-vindas.* As pessoas se sentem bem-vindas no local de trabalho durante todo o ciclo de vida do RH, independentemente de quem sejam; elas podem expressar uma versão autêntica de si mesmas em espaços de trabalho compartilhados sem sofrerem repreensões.
3. *Celebração.* As pessoas se sentem celebradas no local de trabalho *por causa* de quem são; elas são recompensadas por contribuir com suas informações, ideias e perspectivas exclusivas para promover os objetivos da organização.
4. *Proteção.* Uma cultura de inclusão permeia a organização; a inclusão é vista como um imperativo ético e competitivo, e há uma variabilidade mínima na experiência de pertencimento entre indivíduos, equipes e funções.

À medida que uma organização avança no Inclusômetro, suas ambições crescem: partindo de garantir que as pessoas estejam seguras e sejam bem-vindas, *apesar de* suas diferenças, e chegando a garantir que sejam valorizadas — celebradas e protegidas — *por causa de* sua singularidade. Novamente, isso é bom para, deixe-me revisar, *todos*. Quando você está no ponto máximo do Inclusômetro, o efeito de informação comum não tem vez.

Os níveis do Inclusômetro são progressivos, no sentido de que as boas--vindas são mais inclusivas do que seguras, e assim por diante. Também não se pode pular um nível para chegar ao próximo.* Por exemplo, Frances já foi convidada para dar uma palestra em um país com leis bastante hostis a pessoas LGBTQIA+, como nós. Quando recusou, alegando que tinha preocupações com a segurança, garantiram a ela que receberia tratamento

* Você se lembrará da famosa hierarquia de necessidades de Maslow na progressão do Inclusômetro. Acreditamos que o objetivo final de autorrealização de Maslow pode ser alcançado em organizações quando as coisas que nos tornam diferentes como pessoas são reconhecidas e valorizadas.

VIP, independentemente de sua identidade. No entanto, seus anfitriões poderiam tê-la recebido com tapete vermelho, rosas e discursos e, mesmo assim, Frances não teria embarcado naquele avião. Não existem boas-vindas que possam compensar a ausência de segurança.

Como somos extremamente competitivas e crescemos acompanhando programas de auditório e gincana, como *Press Your Luck**, não conseguimos resistir: usamos a imagem de um mostrador, como o de um velocímetro, de tamanho exagerado para mostrar como tudo isso funciona (veja a Figura 3-3).

(Sim, você ganha quando chega em "proteção".)

Onde você e seus colegas estão no Inclusômetro? Hora de usar o software de levantamento que pedimos para hoje e mensurar a inclusão de sua equipe. Faça uma pesquisa anônima com os membros imediatos da sua equipe e com pelo menos mais uma equipe da empresa (mais dados, neste caso, é melhor). Sugerimos que simplifique as coisas e faça uma única pergunta relacionada à inclusão:

FIGURA 3-3

O Inclusômetro

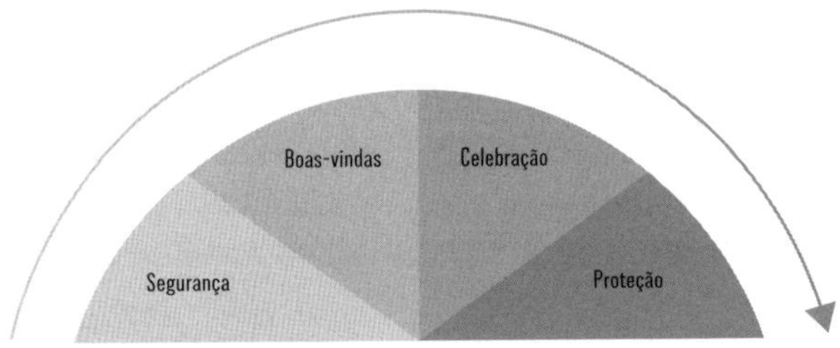

Fonte: Frances Frei e Anne Morriss, *Unleashed: The Unapologetic Leader's Guide to Empowering Everyone Around You* (Boston: Harvard Business Review Press. 2020).

* Programa de TV norte-americano em que competidores ganham turnos em uma roleta caso acertem as perguntas feitas pelo apresentador. (N. do T.)

Qual palavra melhor descreve sua experiência de inclusão no trabalho?

A. Nenhuma das opções abaixo (ou seja, ainda não é segura)
B. Segurança
C. Boas-vindas
D. Celebração
E. Proteção

Também é possível coletar informações básicas de perfil (gráficos de demonstração, classificação, função etc.), mas somente se puder proteger com credibilidade o anonimato dos entrevistados e eliminar qualquer possibilidade de retaliação.

Em seguida, você receberá uma série de respostas, o que muitas vezes é revelador para os líderes quando fazemos esse trabalho com eles. A distribuição das respostas costuma ser ampla e surpreendentemente estável entre equipes e organizações, mesmo entre os funcionários nos altos escalões da hierarquia. Cerca de 40% das pessoas se sentem bem-vindas no trabalho e cerca de 30% se sentem celebradas ou protegidas. O resultado mais surpreendente para muitos de nossos parceiros é que uma porcentagem significativa de entrevistados está em segurança, e *alguns de seus colegas não se sentem nem mesmo seguros quando vêm trabalhar.* Pediremos que foque primeiro este último segmento — pessoas que vivenciam a ausência de segurança — com a clareza e a velocidade de alguém que tem colegas de equipe em perigo, porque eles podem muito bem estar (falaremos disso na próxima seção).

Se reuniu informações de perfil, é provável que veja tendências nas posições das pessoas no Inclusômetro, padrões que informarão o trabalho que será feito hoje. Se sua organização é como a maioria, por exemplo, algumas identidades, equipes e/ou funções são mais propensas do que outras a sentir um profundo sentimento de pertencimento. Embora nem todos em um determinado grupo tenham a mesma experiência de inclusão, observe os padrões. Como eles influenciam o problema que você se propôs a resolver na segunda-feira?

Seus dados de inclusão ajudarão a organizar e a motivar o trabalho de hoje. Um resultado importante deste exercício é acessar o fato de que, se sua organização é como a maioria, ainda não está percebendo todo o potencial de um espaço de trabalho inclusivo (lembre-se das dez descobertas maravilhosas).* Mesmo quem está nos quadrantes de alta confiança do nosso mapa de CONSERTO provavelmente terá espaço para melhorias. Se hoje demandava alguma motivação a mais, permita que esses dados sejam seu combustível.

Vamos passar o resto do dia trabalhando para levar *todos* da sua equipe para o Inclusômetro, começando com a tarefa essencial de garantir que seus funcionários, no mínimo, se sintam seguros no trabalho pelos padrões da profissão que compartilham. Em seguida, trabalharemos em como mover as pessoas de seguras para bem-vindas, de bem-vindas para celebradas e, por último, de celebradas para protegidas. Por fim, terminaremos o dia explorando como se mostrar de forma autêntica e valorizar a própria contribuição singular sem ter que esperar que outras pessoas entendam como fazer isso.

Uma observação operacional: estaremos trabalhando para que as pessoas *avancem* no Inclusômetro sem que ninguém *fique para trás*. Por exemplo, à medida que algumas culturas organizacionais se tornaram mais inclusivas para mulheres e pessoas não binárias, alguns homens nessas mesmas culturas ficaram com mais medo do custo de acabar fazendo ou dizendo coisas erradas. Trabalharemos para evitar esses efeitos indesejados, adotando o princípio de que soluções sustentáveis para a inclusão devem melhorar a vida de *todos*.**

Por fim, reflita sobre a própria posição no Inclusômetro. O que seria necessário para que *você* avançasse? Pelo resto do dia, estaremos procurando oportunidades individuais e coletivas de inclusão, mas já anteciparemos a manchete: se todos assumirmos total responsabilidade pela criação de organizações inclusivas e total responsabilidade por compartilhar nossa singularidade, nossas chances de ganhar a gincana da inclusão são realmente excelentes.

---

* Outra coisa que muitas organizações extraem desse exercício é que elas não têm bons sistemas de escuta para entender a experiência cotidiana de seu pessoal. Em geral, mesmo as empresas excelentes em medir o pulso dos clientes ficam relativamente no escuro sobre como é ser um funcionário.

** Em nossa experiência, esse não é um princípio difícil de preservar, ao contrário da alta incidência de ansiedades "nós ou eles" que ocorrem com o trabalho de DEI.

TESTE DE CORAGEM: Prossiga depois de coletar dados sobre a variedade de experiências de inclusão em sua organização, incluindo a sua.

Faça com que Haja Segurança Física e Emocional na Pluralidade

Se você é como a maioria das empresas de um certo tamanho (digamos cem ou mais funcionários), então uma pequena porcentagem de seus colegas não se sente segura ao vir trabalhar. Se esse padrão se confirmou para você, seja por meio da pesquisa que propusemos ou por algum outro meio, queremos ser claras: é sua responsabilidade humana, moral e institucional agir — há colegas que podem estar em perigo.

Não estamos dizendo que a maneira como alguém *se sente* deve ser aceita como verdade irrefutável (estabelecemos nossa crença na falta de confiabilidade da percepção). Sentir-se inseguro no trabalho pode significar muitas coisas; a ausência de segurança *psicológica* — o foco da próxima seção — não é a mesma coisa que estar em perigo físico, mas ainda é prejudicial para a organização; o indicativo de um mal-entendido, ou de alguém que pode estar politizando ou até mesmo usando o conceito de segurança como arma, já vimos isso acontecer mais de uma vez. No entanto, são problemas reais que precisam ser resolvidos, e o maior é que, na verdade, seus colegas de equipe podem estar enfrentando um nível inaceitável de risco quando vêm trabalhar. O restante desta seção pressupõe que a falta de segurança está sendo relatada de boa-fé. De fato, embora as organizações devam proteger seu pessoal contra o risco de falsas acusações, a prevalência de denúncias falsas é baixa.[23] Enquanto isso, 90% das pessoas que dizem ter sofrido assédio nunca tomam medidas formais, como apresentar uma acusação ou uma reclamação.[24]

Como líderes, é nossa obrigação reduzir e prevenir danos graves no local de trabalho por meio de treinamento, empoderamento e uma cultura de verdade e consequências. Também devemos criar sistemas em que as pessoas possam expor os danos com o máximo de tato e velocidade possível. Por exemplo, pedimos que volte ao grupo no qual fez a pesquisa anônima e peça a quem se sente inseguro que dê à organização uma chance de resolver o problema. Ofereça uma variedade de opções de engajamento, não apenas no RH (existe algum motivo para que não se use os sistemas existentes a fim de solucionar problemas). Forneça garantias incontestáveis de privacidade, contra a retaliação e outros riscos caso a pessoa se manifeste.

Veja uma forma de pensar sobre isso: você e seus colegas devem se sentir física e emocionalmente seguros quando chegarem ao trabalho e isso é básico. Ponto final. Deve sentir que suas chances de sofrer danos são razoavelmente baixas para os padrões da profissão que escolheu.* Para a maioria das pessoas, na maioria dos empregos, significa que se pode ir trabalhar com a confiança de que ser intimidado, assediado, ferido ou exposto a um grave risco à saúde é pouco provável.** Se não puder fornecer um parâmetro basal de segurança para seu pessoal, nem adianta se concentrar nos próximos três níveis do Inclusômetro (e em muitas outras coisas em sua agenda de liderança). É improvável que haja progresso.

A segurança raramente é negada de forma equitativa, por isso começamos nossa jornada de inclusão aqui. Quando as pessoas nos perguntam por onde começar o trabalho de DEI, aconselhamos a proteger e empoderar as pessoas com maior probabilidade de vivenciar a ausência de segurança. Por exemplo, se suas equipes de linha de frente têm maior probabilidade de serem prejudicadas no auge de uma pandemia viral, elas devem pular para a frente da linha de inclusão.

Uma aplicação comum desse princípio é que você deve encarar a realidade de que trabalhadoras, pessoas não brancas e funcionários LGBTQIA+ (principalmente seus colegas trans) correm maior risco de serem assediados sexualmente no local de trabalho do que outros grupos. Seus colegas que se enquadram em dois ou mais desses quesitos correm maior risco.[25] Para prevenir e lidar com o assédio sexual, as organizações precisam de estratégias claras que reconheçam esses fatos, reforçadas por uma cultura que se recusa a tolerá-los.

---

* O que simplesmente significa que a definição de "razoavelmente baixa" varia de acordo com o campo. Por exemplo, difere para policiais em relação a professores do ensino médio e estes em relação a profissionais de finanças.

** Na época em que escrevíamos, Damar Hamlin, jogador do Buffalo Bills, estava no hospital lutando pela vida, após sofrer ferimentos graves em campo, algo que acontece com regularidade assombrosa no futebol norte-americano. A NFL, que está no *ramo de entretenimento*, está reprovando neste teste.

Como fazer isso do jeito certo? Ao formular estratégias para aumentar a segurança, convide as pessoas mais propensas a sofrerem danos para *coproduzi-las* (lembre-se da terça e da tartaruga exasperada de Steinem). Por exemplo, as autoras deste livro circulam pelos Estados Unidos com o manto do privilégio branco e não têm ideia de como é o medo da violência e da discriminação racial. Não devemos trabalhar de forma independente para reduzir e responder a esses danos, mas isso também não significa que não devemos trabalhar nisso. Segundo o desafio que Tina Opie, nossa colega, nos propôs em sua scholarship, é nossa responsabilidade — e *oportunidade* — sermos grandes aliados e parceiros de nossos colegas de equipe com vivências diferentes de segurança, e devemos abordar essa tarefa com tato, humildade e urgência.[26] De fato, quanto mais progredirmos no Inclusômetro, maior é o nosso imperativo de estender a mão e trazer os outros conosco.

Para nós, esse desafio se tornou bastante nítido quando começamos a trabalhar com a Uber, buscando estratégias para que a empresa se diferenciasse na segurança. No meio de uma discussão com os líderes da empresa sobre os princípios que norteariam tal estratégia, percebemos que metade dos presentes estava falando sobre a redução dos riscos de assédio e violência — tanto para usuários quanto para motoristas — no espaço íntimo de um veículo fechado. A outra metade estava falando sobre a redução de acidentes de trânsito e custos de seguro. Não surpreendentemente, o gênero explicava grande parte da diferença.

Com base em sua vivência e na vivência que ela sabia ser compartilhada por muitos, Neta Meidav, fundadora e CEO da Vault Platform, dedicou-se ao desafio de construir locais de trabalho mais seguros. Recém-saída da faculdade, Meidav recusou o emprego dos seus sonhos depois de ser assediada pelo gerente de contratação. Ela optou por não denunciar: "Eu não confiava que o sistema fosse me tratar de forma justa e estava preocupada que minha carreira fosse destruída por um homem poderoso antes mesmo de começar." Meses depois, Meidav descobriu que o gerente de contratação também havia assediado uma de suas colegas: "Se eu soubesse que isso era um padrão, teria me manifestado."

A solução de software que Meidav e sua equipe projetaram — uma plataforma de Speak Up digital baseada em aplicativos que inclui um recurso chamado GoTogether — possibilita que os usuários documentem incidentes em particular, mas esperem para denunciá-los até que haja outras reclamações sobre a mesma pessoa. A opção de tomar medidas coletivas remove uma barreira fundamental para a denúncia, ao mesmo tempo que permite que os empregadores saibam que há alguém em sua folha de pagamento com um padrão repetido de condutas danosas. As ferramentas da Vault capacitam os usuários a identificar violações de políticas dentro da própria organização, viabilizando a documentação sigilosa e com marcação temporal de incidentes como mensagens de texto inadequadas. A tecnologia da empresa facilita com que as pessoas em perigo revidem com credibilidade e responsabilizem os culpados — progresso possibilitado pelo talento, pela coragem e pela disposição de Meidav em compartilhar sua perspectiva única para o espaço de trabalho.*

Quem ou o que está minando a segurança em sua organização? Uma maçã podre? A ausência de sistemas robustos de RH (comum em empresas de serviços profissionais e empresas em estágio inicial)? Uma cultura de supervalorização de talentos de alto desempenho que impede a tomada de ações? A propósito, sinceramente, o senso comum por trás da supervalorização de talentos está equivocado. Funcionários tóxicos de alto desempenho podem gerar ganhos a curto prazo, mas seu impacto a longo prazo é, com certeza, negativo. Embora possam gerar mais receita, também estimulam a alta rotatividade de pessoas talentosas e, por fim, minam a cultura e a reputação de uma empresa.[27]

Por fim, se você *não se sente* seguro(a), feche este livro e converse com alguém de confiança sobre o que está acontecendo. Quebre o silêncio que protege quem quer que esteja ou o que está colocando você em risco inaceitável. Com um confidente ao seu lado — e sem o estresse e o sofrimento de se sentir totalmente só — você conseguirá encontrar o caminho certo a seguir.

TESTE DE CORAGEM: Prossiga quando tiver um plano para garantir a segurança física e emocional de todos em seu local de trabalho.

---

* *Revelação:* Ficamos tão impressionadas com as ferramentas que Meidav e sua equipe estavam desenvolvendo que decidimos dar consultoria e investir na empresa.

Faça com que Haja Segurança Psicológica na Pluralidade

Algumas pessoas que relatam falta de segurança podem não se sentir *psicologicamente* seguras. Novamente, por um lado, isso é bom, pois não correm o risco de sofrer danos físicos ou emocionais iminentes. Contudo, por outro, isso é ruim, pois estão encontrando uma barreira impactante para engajamento, contribuição e desempenho. As pessoas que não se sentem psicologicamente seguras têm receio de falar — de compartilhar suas ideias, perguntas ou preocupações — por medo de serem rejeitadas, envergonhadas ou punidas.[28]

Lembra-se da informação singular tão crucial para o desempenho? Seus colegas que não se sentem psicologicamente seguros acabam por guardá-la para se proteger. Eles concluem, com razão, que compartilhar toda a extensão de seu conhecimento é muito arriscado no plano interpessoal. Como a segurança psicológica é normalmente criada e destruída a nível da equipe, é improvável que quem esteja relatando isso como um problema seja o único a se frustrar (um bom lugar para começar a expor o problema é descobrir o que o chefe deles está aprontando).

Qual é a importância da segurança psicológica? Vamos arredondar: *enorme*. De acordo com Amy Edmondson, a estudiosa que mais trabalhou para promover a compreensão mundial do conceito, a segurança psicológica é fundamental para o desempenho de equipes e organizações. Por exemplo, quando o Google passou *anos* tentando explicar rigorosamente as diferenças de desempenho entre suas próprias equipes altamente qualificadas — um projeto chamado de "Aristóteles"— a empresa concluiu que a segurança psicológica explicava "tudo".[29] Mais precisamente, os líderes da empresa passaram a enxergá-la como o "alicerce" para outros fatores-chave de desempenho, como aquilo que deve ser ajustado antes que outras coisas — como ter objetivos claros e fazer um trabalho significativo — tenham qualquer impacto.[30] A segurança psicológica, a qual Edmondson às vezes se refere como destemor interpessoal, é a fundação sobre a qual o resto das esperanças e sonhos de sua empresa são construídos.

Suas metas de inclusão não são exceção. A inclusão também requer um alicerce de segurança psicológica.[31] E, assim como acontece com a segurança física e emocional, ela raramente é distribuída de forma equitativa. Por exemplo, os homens tendem a ter mais segurança psicológica do que as mulheres, e os funcionários brancos tendem a ter mais segurança psicológica do que outros grupos.[32] Dito de outra forma, seus colegas que contribuem com algum tipo de diferença no local de trabalho são mais propensos a se sentirem psicologicamente *inseguros*.

Modupe Akinola, professor de liderança e ética na Columbia Business School, estuda a interseção de estresse e identidade. De acordo com Akinola, a "natureza de ser um dos 'poucos' faz com que um ambiente passe menos segurança psicológica".[33] O cálculo de risco/recompensa de se manifestar também pode ser complicado por estereótipos. A pesquisa de Akinola constatou que a decisão de identificar problemas — e até mesmo o tom de voz usado nesse processo — é uma escolha de maior risco para as mulheres negras, que se sentem pressionadas a evitar o tropo da "mulher negra raivosa".

Ainda que tenha ajudado a melhorar alguns indicadores de inclusão, particularmente aqueles relacionados à segurança (é menos provável que sejamos prejudicados em nossas salas de estar), o trabalho remoto não resolveu esse problema. A Catalyst, organização sem fins lucrativos com a missão de "construir espaços de trabalho que funcionem para as mulheres", revelou que 45% das mulheres líderes empresariais consideram difícil se manifestar em reuniões virtuais.[34] Destacamos esta pesquisa porque ela dialoga diretamente com as soluções propostas em nosso framework, especificamente no desafio "de *todos* se sentiram seguro nas boas-vindas". Ela aborda a questão crucial de como garantir que todos se sintam à vontade para se expressar, independentemente do ambiente em que o grupo esteja se reunindo. (Mais adiante, veremos como realizar uma reunião fantasticamente inclusiva, digital ou não.)

Nosso argumento é o seguinte: como a segurança física e emocional, a segurança psicológica é fundamental para qualquer organização de alta confiança e alta velocidade. É o que os jogadores de pôquer chamam de *valor da mesa*. Trazemos isso à tona neste ponto da história porque *as pessoas menos propensas a se sentirem psicologicamente seguras também são as pessoas menos propensas a se sentirem incluídas*. No restante deste capítulo, ajudaremos você a resolver esse problema. Para obter mais orientações sobre como criar segurança psicológica em escala organizacional, recomendamos com muita alegria o trabalho de Edmondson (os destaques incluem a importância de estar aberto ao feedback e construir uma cultura de "speak up").[35] Muitas organizações — o GitLab é um ótimo exemplo — tornaram a pesquisa de Edmondson um pilar de seus esforços de DEI[36]. A missão da pesquisadora é lançar luz sobre as relações (que parecem mais com rodovias) entre segurança psicológica, inclusão e desempenho — e a nossa missão é maximizar o número de pessoas tentando seguir seus passos.

TESTE DE CORAGEM: Prossiga quando estiver convencido da importância de criar segurança psicológica para todos em seu local de trabalho.

As Boas-vindas se Aplicam a Todos, Apesar de Suas Diferenças

Após verificar assertivamente todos os aspectos de segurança, você pode começar a trabalhar em seu próximo desafio: garantir que todos se sintam bem-vindos no local de trabalho, incluindo pessoas que representem algum tipo de diferença. Essa diferença pode ser altamente visível, como funcionários negros e pardos em um ambiente predominantemente branco, ou ser menos visível, como religião, afiliação política ou uma pessoa LGBTQIA+. Pode significar atestados médicos e tempo para consultas, um verdadeiro desafio para quem enfrenta uma deficiência "oculta", como esclerose múltipla, ou pode significar um pai solteiro na casa nos 40 anos, parte de uma equipe de pessoas com 20 e poucos anos que não têm problema algum em comparecer a reuniões noturnas frequentes.

Além disso, os colegas que são sub-representados de alguma forma devem sentir que podem expressar uma versão autêntica de si mesmos para a missão coletiva. Devem sentir que têm o direito de ocupar tanto espaço quanto as pessoas ao seu redor. É neste momento que objetivos como justiça e igualdade aparecem no trabalho de DEI: *Quando me sinto bem-vindo, sei que terei uma oportunidade justa e igualitária de contribuir, conquistar e avançar, apesar das diferenças que posso estar trazendo comigo para o trabalho.*

A maioria das organizações encontrará oportunidades de boas-vindas em todo o ciclo de vida do RH (recrutamento, desenvolvimento, promoção e retenção) que, normalmente, se apresentarão como redução de preconceito e aumento do pertencimento em cada estágio. Por exemplo, muitas empresas de tecnologia dos EUA criaram, de forma bem-sucedida, locais de trabalho onde homens brancos jovens e heterossexuais que conhecem podem prosperar. No entanto, estão tendo mais dificuldade em recrutar, desenvolver, promover e reter mulheres, pessoas não brancas, LGBTQIA+, com mais de 35 anos e qualquer combinação interseccional entre esses grupos e os homens brancos jovens e heterossexuais que a empresa *não* conhece. (Usamos "conhece" aqui para falar de pessoas separadas por um ou dois graus sociais e que compartilham em grande parte as mesmas redes de contatos, influências e experiências de vida.)*

Como seria um ciclo de vida de RH mais acolhedor, em tecnologia e além? Por um lado, seria fazer as coisas de forma diferente se quiser um resultado diferente. Por exemplo, recrutar mais ativamente em espaços em que seus grupos externos — aquelas identidades que *não estão* prosperando — são a maioria. Seria buscar talentos em faculdades e universidades historicamente negras. E faculdades femininas. E faculdades em regiões geográficas que não são familiares para você. Por exemplo, o Duolingo, o inovador aplicativo de aprendizagem de idiomas, alcançou a impressionante proporção de gênero de 50/50 para novos engenheiros de software, fazendo grandes mudanças em sua estratégia de recrutamento, incluindo a recusa de recrutar em universidades onde menos de 18% das mulheres estão representadas em programas de ciência da computação (a média nacional)[37].

Ao procurar oportunidades de terça-feira para *priorizar a confiança* em seu ciclo de vida de RH, talvez seja preciso ser mais sistemático em relação às oportunidades de desenvolvimento, pensar mais sobre quem trabalha em projetos de alta visibilidade ou quem pode participar de visitas técnicas com líderes seniores, questionar critérios de avaliação subjetivos e abstratos, como "fit cultural", que sempre estão sujeitos à interpretação superconfiante de quem os aplica, mudar a maneira como se avalia as pessoas quanto à promoção, o que pode ser repleto de preconceitos e armadilhas, particularmente para as mulheres.[38]

Ao colaborar com o CEO Satya Nadella na realização de uma das transformações corporativas mais impressionantes em uma geração, Kathleen Hogan, diretora de pessoas da Microsoft, adotou a lente da inclusão para analisar todos os aspectos da experiência dos funcionários. A inclusão era

* Veja um teste simples e direto: se a demografia de sua equipe não tem muita semelhança com a demografia da população em geral, então você provavelmente ergueu barreiras artificiais nos grupos de talentos em que está pescando, o que significa que não apenas está perdendo o resto da bela lagoa da humanidade, mas também corre o risco de entrar na cultura de conformidade.

uma das três prioridades estratégicas da Microsoft, e por isso Hogan fez dela uma parte importante das avaliações de desempenho. Isso significava, entre outras coisas, que o impacto sobre *os outros* seria medido com contribuição individual, uma mudança radical para uma empresa tecnológica. No momento em que Hogan terminou sua reestruturação — e o desempenho da Microsoft aumentou de forma histórica (lembra de todas as relações entre inclusão e desempenho?) — o impacto individual ainda importava para a progressão de alguém na empresa, mas agora era tão importante quanto a sua contribuição para o sucesso *de outras pessoas*.[39]

Às vezes, boas-vindas podem significar simplesmente a ausência de adversidades. Uma coisa que gostamos de fazer quando começamos a trabalhar com empresas é encontrar pessoas seniores de grupos sub-representados e perguntar: "O que esta organização precisa fazer para manter pessoas incríveis como você?" Uma resposta direta que geralmente obtemos é reduzir o ônus do "imposto de representatividade" sobre a carga de trabalho. Pedir às mesmas pessoas que participem de comitês de contratação e estejam visíveis quando os stakeholders estão presentes, repetidas vezes, pode sair pela culatra se isso significar que o trabalho delas recebe muito menos crédito que o dos colegas.

Muitas vezes nos pedem um resumo de como construir um espaço de trabalho em que todos se sintam bem-vindos. Nossa resposta curta é recrutar ótimas pessoas que você ainda não conhece, dar-lhes um trabalho interessante para fazer e investir nelas como se o futuro da sua empresa dependesse disso. Se elas merecem uma promoção, conceda isso em tempo hábil. Não as faça esperar. Não os faça ir a um concorrente para obter o cargo, o papel e os direitos de decisão que já conquistaram sob o seu comando. E em nome de tudo o que é certo e justo no mundo, pague-os de forma justa e equitativa pelo trabalho que fazem.

Além disso, persiga todos os padrões demográficos desconfortáveis observados no recrutamento, desenvolvimento, promoção e retenção. Examine a causa-raiz de quaisquer tendências encontradas, que, como qualquer problema (lembra-se de segunda-feira?), pode ser mais complexo do que parece. Como já exploramos algumas vezes neste livro, acreditamos muito nesse tipo de monitoramento e análise. O que é medido é feito, como diz o ditado, e a responsabilidade e a transparência que essas ferramentas geram podem ser inestimáveis.

Dito isso, a análise de DEI deve ser cronometrada com cuidado e utilizada com habilidade. Por exemplo, às vezes essas iniciativas criam presunção não intencional para adotar instrumentos de força contundente, como relações de candidatos e cotas de diversidade na contratação, que podem gerar cinismo em todos os lados sem criar as condições para uma verdadeira inclusão. Como qualquer abordagem, se ferramentas como essa estiverem funcionando para você, continue com elas. E se não estiverem, pare de usá-las.* Nosso próprio viés prático é concentrar a *maior parte* de sua energia em oportunidades do "lado da oferta" em cada estágio do ciclo de vida do RH, como recrutamento mais inclusivo, melhor treinamento e orientação e acesso mais equitativo a oportunidades de promoção. Exigir accountability pelos resultados sem dar ao sistema a chance de se aprimorar é uma tática tão ineficaz para empresas quanto para indivíduos.

Na maioria das organizações, o *boas-vindas* é onde o trabalho do DEI começa e termina. À primeira vista, não é uma coisa ruim. Viver em um mundo onde todos se sintam seguros e bem-vindos quando vão trabalhar seria um progresso radical e bonito. E, no entanto, os maiores dons de inclusão — o ponto em sua história em que se ganha uma vantagem imbatível — ocorrem mais acima no Inclusômetro. Em nossa opinião, a razão para trabalhar tão duro pelas boas-vindas é que se fica muito mais perto do indicador *celebração*, de um espaço de trabalho em que as pessoas são valorizadas não *apesar de* nossas diferenças, mas *por causa de* nossa capacidade singular de contribuir. É nela que vamos a seguir.

TESTE DE CORAGEM: Prossiga quando entender os obstáculos e aceleradores para construir um ambiente que acolha a diferença.

---

* Às vezes, essas ferramentas são necessárias para progredir em direção a um mundo mais equitativo quando outras estratégias falharam. Veja as histórias dos movimentos de direitos civis nos Estados Unidos e na África do Sul para o caso convincente de mandatos como uma resposta necessária, mas insuficiente, à discriminação racial.

Celebre a Singularidade em Sua Equipe

Depois de garantir que as pessoas se sintam seguras e bem-vindas, independentemente de suas diferenças, seu próximo marco de inclusão é garantir que seus colegas de equipe se sintam celebrados *por causa de* sua singularidade. Para ilustrar, recorreremos a um exemplo perfeitamente aleatório: imagine uma colega que, devido à sua identidade, precisa dar uma guinada na sua experiência profissional. De ser uma mulher incomum, queer, de 40 anos, com as mesmas chances de qualquer um de contribuir e progredir, passa a ser vista e valorizada por ser quem ela é: *Anne.*

Uma organização que celebra a singularidade assume que a diferença é fonte de criatividade, inovação e força. A diferença não é apenas algo a ser observado com receio, pois pode dificultar a contribuição de algumas pessoas. Quando Tony Prophet era diretor de igualdade e recrutamento na Salesforce, descreveu essa distinção da seguinte maneira: a verdadeira magia acontece quando "você se sente visto, você se sente incluído, você se sente *valorizado*". Essa experiência, na visão de Prophet, torna-se um ativo competitivo análogo a um mosaico, com peças distintas e complexas se unindo para formar um todo mais magnífico: "O resultado é a beleza e a fusão de ideias."[40]

Contraintuitivamente, no Inclusômetro, a *celebração* é o ponto em que paramos de nos preocupar tanto com todas essas categorias de identidade em que vínhamos nos debruçando no trabalho de segurança e boas-vindas. Estávamos tratando a identidade na parte anterior do mostrador porque a oportunidade e o dano estavam sendo distribuídos de forma desigual (ou, em termos mais técnicos, porque a identidade era uma variável explicativa na distribuição de oportunidade e dano). Em outras palavras, precisamos colocar as pessoas em categorias quando estas ainda estão, de alguma forma, impactando adversamente sua experiência de trabalho.* Você passa à celebração quando isso é superado.

As pessoas tendem a ser celebradas no ambiente intimista das equipes, e foi por isso que seu levantamento obteve aqueles números. Se analisasse as respostas com mais profundidade, provavelmente identificaria a con-

---

* Aqui está a nossa opinião sobre o debate de direita/esquerda sobre o DEI nos Estados Unidos: a direita está argumentando que devemos operar com as suposições da Celebração — ou seja, tratar todos como indivíduos — e a esquerda está argumentando que ainda não chegamos nesse ponto; ainda temos muito trabalho a ser feito em Segurança e Boas-vindas.

centração do sentimento de celebração em torno de alguns poucos gestores excepcionais. Da mesma forma que fizemos com os números de segurança, pedimos que retorne ao grupo que pesquisou anonimamente e convide uma pessoa que se sinta à frente no Inclusômetro para dar à organização a chance de aprender com sua experiência. Dê uma amostra desses exemplos positivos e procure padrões em quem ou o que está contribuindo para que as pessoas se sintam vistas, valorizadas e incluídas na organização. Transforme os padrões encontrados em normas, políticas e expectativas para o comportamento organizacional.

Temos convicção de que um padrão que será encontrado entre esses gerentes superastros, com equipes inteiras se sentindo celebradas, é que eles se destacam na prática de estabelecer altos padrões e revelar profunda devoção simultaneamente.[*] É provável que sejam coaches, mentores e *patrocinadores* excepcionais, o que significa que também estão defendendo seus colegas de equipe quando eles não estão na sala.[41] Também é muito provável que estejam criando uma experiência específica em reuniões, em que contribuir com conhecimento singular é valorizado e esperado. Vamos fazer uma pausa aqui e entrar na parte prática do que é *estar* em uma equipe assim.

Faremos nossa exploração de inclusão do mesmo jeito que fizemos no *Unleashed.* Imagine que você é uma jovem negra ou parda em uma equipe de maioria branca. A reunião está marcada e você se sente segura em aparecer. O cara que vinha te chamando para sair repetidamente pelo canal do Slack da empresa, apesar de você pedir para ele parar, foi removido da equipe. Você entra e uma colega branca faz você se sentir bem-vinda, convidando-a para se sentar ao lado dela. O líder da equipe — um homem mais velho — abre a reunião dizendo: "Eu gostaria do seu conselho e quero ouvir todos os membros." Você se sente muito bem neste momento, confortável e pronta para participar.

A reunião continua, e parece haver convergência no que o grupo acha que o plano deveria ser. (Observe que este é o ponto em que a maioria das organizações declara vitória e avança com uma ideia.) Você tem uma ideia diferente, mas não quer balançar o barco ou travar o grupo. Então o líder da equipe diz: "Ok, se pensássemos sobre esse problema de *maneira diferente*, como seria?" Algumas vozes novas entram na discussão. O líder

---

* Exploramos essa prática em profundidade no Capítulo 3 de *Unleashed.*

da equipe diz: "Ótimo! Eu nunca teria pensado nisso. Vocês estão tornando nossa lógica mais rigorosa."

Ele então diz: "O que mais estamos deixando de fora?" A resposta dele muda a dinâmica da sala, e você decide compartilhar sua ideia. Seus colegas respeitosamente debatem sua ideia; eles identificam alguns riscos que você não tinha pensado antes, mas as pessoas parecem energizadas pela ambição do seu pensamento. O líder diz: "Ouça, pode não funcionar, mas adoro a audácia da ideia da [insira seu nome]. É o tipo de pensamento que precisamos para vencer." Você sai da reunião se sentindo valorizada pela empresa por sua capacidade de pensar diferente — e, sem dúvidas, com forte senso de pertencimento de equipe.

Isso é o que parece, na prática, criar espaços de trabalho em que as pessoas compartilham de forma confiável suas perspectivas, experiências e capacidades únicas. Em nosso trabalho, chamamos isso de celebração. Que você seja alguém celebrado, que você lidere uma equipe em que outros também sejam celebrados e que construa uma organização em que o celebrado esteja tão arraigado nela, que não dependa do compromisso e do conjunto de habilidades de líderes individuais como você. Esse é o seu próximo desafio.

TESTE DE CORAGEM: Prossiga quando se sentir mais confiante em identificar e valorizar as contribuições únicas de seus colegas.

Proteja a Singularidade na Escala Organizacional

A fronteira final na construção de uma organização inclusiva é que a celebração da diferença se torne tão arraigada institucionalmente que as pessoas se sintam protegidas por sua singularidade, com variabilidade mínima entre indivíduos, equipes e funções. Este é o ponto de não retorno em sua campanha para o pleno pertencimento. É o ponto em que não nos sentimos mais "sortudos" por ter um gerente inclusivo, o ponto em que todos tomamos cuidado especial com pessoas que são diferentes de nós com a confiança inabalável de que suas diferenças nos tornam melhores.

Outra maneira de pensar sobre o reconhecimento é que agora é possível se concentrar na construção de uma *cultura* de inclusão.[42] Para seu desafio de ir da celebração à proteção, junte-se a colegas em quem você confia — inclua aqueles que se sentem *menos* incluídos — e faça um brainstorm com experimentos (parecidos com os da terça-feira) de mudança de cultura que o ajudariam a promover uma maior inclusão. Presuma as melhores intenções: o que seus colegas de equipe inteligentes, talentosos e lindos precisam *pensar* para *agir* de forma mais inclusiva? Como influenciar o pensamento deles?

Para Lars Fruergaard Jørgensen, presidente e CEO da empresa farmacêutica global Novo Nordisk, a resposta foi cultivar a convicção compartilhada nas recompensas da inclusão: "Eu precisava que todos da minha equipe de gestão aceitassem... [a] crença de que para ter sucesso em nossos negócios, para se adaptar a um futuro mais diversificado... serão necessários diferentes tipos de liderança, diferentes tipos de abordagens de mercado, [abertura] a novas formas de trabalho."[43]

Mas Jørgensen também descobriu a importância de prevenir crenças *negativas* sobre o trabalho de DEI, particularmente o medo de que algumas pessoas fossem deixadas para trás. "Não estamos desvalorizando os homens dinamarqueses que usam camisas azuis-claras", ele repetidamente se via obrigado a esclarecer. A afirmação era uma referência à epifania de Jørgensen ao perceber, durante uma reunião de gerência sênior, que todos eram dinamarqueses brancos e héteros, com mais de 50 anos, usando uma camisa azul-clara, mesmo que a empresa tivesse ambições crescentes de competir em um número cada vez mais diversificado de mercados globais e segmentos demográficos. "Estamos dando a todos as mesmas oportunidades, e isso criará... mais oportunidades para todos nós, em vez de [perpetuar] uma visão de túnel e [perder] a diversidade da oportunidade lá fora. Na verdade, está tornando todos nós mais fortes."[44]

As ideias que surgiram de algumas das sessões de brainstorming que organizamos sobre inclusão incluíram trocas de emprego (por exemplo, líderes passando uma semana na linha de frente), melhorias nas políticas de contratação (por exemplo, garantindo que os candidatos recebam feedback ao estilo de Mignon Early sobre por que não conseguiram o emprego) e mudanças nos critérios de promoção (por exemplo, adicionando a demonstração de comportamentos inclusivos aos requisitos para funções de liderança).

Se estou sendo enviado para as linhas de frente como um líder de alto status, por exemplo, é mais provável que eu conclua que as vozes dos trabalhadores da linha de frente são importantes. Se me pedirem para passar tempo dando feedback real aos candidatos internos sobre por que não conseguiram o emprego, é mais provável que eu considere meu trabalho como de desenvolvimento, não apenas como avaliativo. E se minhas perspectivas de avanço dependem da minha capacidade de incluir outras pessoas, é mais provável que eu me aprofunde e descubra do que se trata essa coisa de inclusão.* Quando terminar de garantir que as pessoas se sintam reconhecidas, seu Plano Ainda Melhor terá a chance de se tornar um Plano Muito Bom.

TESTE DE CORAGEM: Prossiga quando estiver pronto para defender a autenticidade na escala da sua organização.

Também se Inclua

Atualmente, a maioria de nós não trabalha em ambientes em que nos sentimos celebrados ou reconhecidos. Se, no trabalho que nós duas fazemos, tivéssemos que resumir nossa própria missão, seria tornar essa afirmação obsoleta. De forma mais esperançosa, se não mais poética, esperamos fazer nossa parte para ajudar o maior número possível de pessoas a progredir no Inclusômetro. Se formos capazes de criar um mundo onde mais pessoas possam realmente prosperar em mais locais de trabalho, nossa espécie será capaz de resolver mais problemas mais rapidamente.

Existem barreiras institucionais e individuais para a chegada desse novo mundo. No romance *The Shipping News*, a grande Annie Proulx escreveu: "Somos todos estranhos por dentro. Aprendemos a disfarçar nossas diferenças à medida que crescemos."[45] Acolhemos o lembrete de Proulx de que temos algum arbítrio sobre o quanto de nós mesmos compartilhamos com o mundo. Se somos nós que disfarçamos nossas diferenças, então também somos

* Como esperamos que você tenha internalizado ontem, se experimentos como esses conseguirem promover novas formas de pensar, amplie-os; e se não conseguirem, tente outra coisa.

nós que temos o poder de revelá-las, o que significa que não precisamos esperar para sermos nós mesmos até que o mundo descubra como decifrar o código da inclusão.

Como *nos* incluímos também? Como e *quando* arriscar a autenticidade em condições imperfeitas? Ser o "eu real" parece bom em teoria, mas pode haver incentivos poderosos e duramente conquistados para que se contenha certas verdades. Ninguém passa pelos disfarces de Proulx casualmente. A decisão de encobrir nossas diferenças pode ser altamente prática, embora dolorosa, como a de permanecer no armário em um espaço de trabalho hostil a identidades queer ou de policiar continuamente nossas palavras para evitar estereótipos prejudiciais.

Acredite em nós quando dizemos que sabemos que isso é difícil — e às vezes é algo muito pesado a se pedir. Em cada etapa de nossas carreiras, fomos tentadas a diluir quem somos no mundo. Embora sejamos tão brancas quanto parecemos, também somos inequivocamente mulheres queer com opiniões fortemente sustentadas e ambições ostensivas, para nós mesmas e para os outros. Uma de nós fica totalmente tensa em banheiros públicos, sabendo que é provável que seu gênero seja mal interpretado. Na maioria dos locais de trabalho em que entramos, essas coisas nos tornam diferentes.

Mas, como já escrevemos antes, se quem é diferente cede à pressão de anular a própria autenticidade, suprimimos as partes mais valiosas de nós mesmos. Não apenas acabamos escondendo aquilo de que o mundo mais precisa — nossa singularidade —, mas também dificultamos que as pessoas confiem em nós como liderança, perpetuando um ciclo de automenosprezo que sustenta firmemente o status quo. Quanto mais nos diminuímos, menor a probabilidade de ocuparmos o espaço necessário para liderar.

Já aprendemos que ocupar o espaço de liderança requer firmeza, e uma vontade de desafiar nossas próprias histórias primitivas.[46] A parte do seu cérebro que está vinculada à sobrevivência faz um excelente trabalho de protegê-lo, mas nem sempre deve estar dando as ordens. Para começar, ela não liga para o longo prazo. As histórias que ela conta ("O que as outras pessoas pensam de você é muito importante!") são projetadas para levá-lo ao fim do dia, não ao fim de uma vida cheia de significado e impacto.

Uma maneira de acalmar essa parte do seu cérebro é descobrir seus truques de autenticidade (ou *reforços*, se preferir). Descubra o que tende a trazer sua complexa humanidade de volta à superfície. Seu amado sobrinho? Time para o qual torce? Paixão por curiosidades sobre a Mulher-Maravilha? Cerque-se de lembretes dessas coisas ou, melhor ainda, encontre maneiras de trazê-las de alguma forma para espaços em que uma versão inautêntica de você tem o hábito de aparecer. Frances tempera seu plano de fundo do Zoom com fotos da nossa família. Anne gosta de colocar algumas das peças de Lego do nosso filho no bolso durante grandes apresentações.

Nosso conselho mais urgente é construir uma Equipe (com E maiúsculo) de amigos e colegas ao seu redor que possam ajudá-lo a permanecer conectado ao seu verdadeiro eu. Faça com que seja um requisito para ser membro da Equipe que todos se sintam tão confortáveis com sua insegurança quanto com sua audácia. Passe tempo com sua equipe regularmente, pelo menos mensalmente.[47]

Ao longo deste capítulo, demos várias pistas sobre qual seria seu ponto alto, e agora vamos soletrá-lo para você: se todos assumirmos responsabilidade plena pela construção de organizações inclusivas, e todos assumirmos total responsabilidade de aparecer de forma autêntica nelas, melhoramos drasticamente nossas chances de atingir a Excelência Acelerada. Em outras palavras, a gente consegue detonar o Inclusômetro.

TESTE DE CORAGEM: Prossiga quando estiver comprometido em fazer novos amigos.

---

4 QUINTA-FEIRA

Conte uma Boa História

Dependendo do referencial de medida, até 70% dos esforços de mudança organizacional fracassam.* Vamos nos repetir, mais uma vez, com intensidade, já que é uma verdade grave: *mais da metade* das pessoas talentosas e bem-intencionadas que tentam fazer o que você está fazendo acabam vivenciando alguma versão de derrota.

Estamos compartilhando essa informação estatística porque acreditamos que agora você tem o que precisa para começar a desafiar essas probabilidades nos blocos de construção do seu Plano Muito Bom. Você sabe o problema que vai resolver e tem um plano funcional e baseado em evidências para a solução. Também se certificou de que *todas* as pessoas de quem precisará se sintam seguras, bem-vindas, celebradas e protegidas. Esses são os requisitos básicos para ativar a organização, que é o que você vai começar a fazer hoje. Muitas vezes nos referimos à quinta-feira como "Dia do Storytelling".

A missão de hoje é contar uma história tão impactante, tão clara e envolvente que liberará a energia da sua empresa e a canalizará na direção da mudança. Você aproveitará o bom trabalho que fez no início da semana e explicará não apenas *por que* a organização precisa mudar, mas também *como* ela mudará, como será o futuro em termos vívidos e específicos.

---

* Embora haja um debate acadêmico saudável sobre a precisão desse número, a razão pela qual essa informação estatística impacta tanto em nosso trabalho é que ela se alinha com a experiência da maioria das pessoas. Mudar a organização é difícil — e, na maioria das vezes, não funciona.

Hoje você *usará suas palavras*. Suas palavras têm o poder de mudar a organização, moldando as atitudes e crenças das pessoas dentro dela, começando por você. A história que conta a si mesmo, a história em que você escolhe viver (e, sobretudo, a que escolhe *não* viver), definirá os termos e condições de sua nova realidade. E quando contar habilmente essa história para outros stakeholders, começará a escalar sua nova realidade para toda a empresa.

Segundo Howard Gardner, o grande psicólogo do desenvolvimento: "As histórias constituem a arma mais poderosa do arsenal de um líder."[1] Hoje você usará essa arma para romper os grilhões retóricos que o aprisionam na Disrupção Imprudente ou na Administração Responsável ou em qualquer outra parte que você não queira mais ocupar. Nessa semana, você se libertará e libertará seus colegas para se tornarem a equipe que estão ganhando o direito de ser. Para fazer tudo isso, você precisará de uma boa história.

Entenda Profundamente para Descrever de Forma Simples

Na casa em que passamos a infância, havia uma pequena lista de temas de discussão aprovados: o clima, os animais de estimação e Tom Brokaw, por algum motivo.* Entendia-se que as palavras deveriam ser abordadas com cautela. Em retrospecto, não é surpresa que nós duas acabamos nos dedicando a arte de falar e escrever para ganhar a vida, aprendendo a manusear essa substância controlada com cuidado.

PAUTA DE QUINTA-FEIRA

1. Entenda profundamente para descrever de forma simples.
2. Honre o passado (as coisas boas).
3. Honre o passado (as coisas não tão boas).
4. Tenha uma gestão de mudança clara e convincente.
5. Descreva um caminho rigoroso e otimista a se seguir.

* Nossos irmãos podem se lembrar das coisas de maneira diferente, mas vamos ver se eles lerão o livro até aqui.

6. Junte as peças da sua história.
7. Seja repetitivo.
8. Identifique e use suas emoções.

Materiais Necessários para Hoje

- Criatividade
- Mural ou outro meio para escrita a olhos vistos
- Compreensão clara da história da organização, tanto das coisas boas quanto das não tão boas
- Tolerância para tarefas repetitivas, como contar a mesma história várias vezes
- Acesso a alguém com memória institucional profunda e (preferencialmente) alto apego à "maneira como as coisas são"
- Um poema de que você gosta ou, no mínimo, não odeia (se não tiver nenhum, basta escolher qualquer coisa de Mary Oliver)

Depois de algumas décadas conversando com o mundo, nossa principal observação é a seguinte: a base da comunicação persuasiva — a comunicação que mudará a forma como as pessoas pensam e agem — é entender algo tão *profundamente* que se pode descrever de forma *simples*. Se você entende algo profundamente, mas só consegue descrevê-lo de maneira complexa ou jargônica, só será capaz de conversar com o subconjunto de pessoas que falam sua língua esotérica. Se entender algo apenas superficialmente, suas palavras não sobreviverão ao escrutínio externo, em que a pressão para desconsiderá-las é implacável, mesmo que você seja o chefe.

O objetivo do storytelling de mudança é entender a história com profundidade o bastante para que seja possível descrevê-la de forma simples para as pessoas que desejam atuar nessa história. Um dos nossos exemplos favoritos de uma narrativa de mudança profunda/simples é aquela que incentivou a ressurreição da T-Mobile de uma empresa à beira da irrelevância para um player sério da indústria. A T-Mobile entendeu sua história em nível tão profundo que descobriu como comunicá-la em uma única palavra: *un-carrier* [não operadora, em tradução livre].

Em vez de prender os clientes em planos de serviço confusos e depois sobrecarregá-los com taxas ocultas (comportamentos do tipo "esse é o padrão do setor, por favor, nos odeie"), a T-Mobile oferecia tarifas baixas, planos claros e taxas transparentes, trabalhando para se tornar tudo o que o setor de serviço wireless não era, para sentir tudo o que o resto do setor não sentia. Tornou-se a *não operadora.*

A estratégia de recuperação em si não era simples — havia aspectos interdependentes —, mas a T-Mobile entendia isso em nível celular. Jon Legere, o CEO da empresa na época, que adora se vangloriar, descreveu da seguinte forma: "O un-carrier foi uma atitude, uma cultura e um comportamento. Foi sobre encontrar e resolver pontos problemáticos para o cliente na tentativa de consertar uma indústria estúpida, quebrada e arrogante."[2]

Enquanto todo o setor parecia se esforçar para destruir a confiança do consumidor, Legere e sua equipe a conquistaram rapidamente, dobrando a aposta nos três impulsionadores de confiança. Havia uma *lógica* clara para tentar uma abertura pró-consumidor no tabuleiro de xadrez estratégico, e as inovações de produtos da empresa revelaram *empatia* genuína pelo que a indústria estava nos fazendo passar. A T-Mobile também fez jus ao que pregava com uma *autenticidade* que os consumidores abraçaram. Seus novos valores favoráveis ao cliente norteavam tudo, desde a linguagem acessível em seu "Manifesto Un-carrier" até as escolhas de guarda-roupa do próprio Legere, que combinava ternos com camisetas e tênis com cores vivas, algo inovador para os CEOs corporativos na época.

A T-Mobile chegou a criar a palavra *un-carrier*, ressaltando a ousadia da visão da empresa. É uma audácia a nível Lewis Carroll, o que nos leva a esse poema em sua lista de hoje.* Agora é um bom momento para tirar o pó do livro e lê-lo em voz alta (a poesia deve ser ouvida). Vá além e cogite organizar uma reunião de leitura com alguns de seus colegas contadores de histórias na empresa. Peça a todos que compartilhem a linguagem que os comoveu. Preste atenção à sonoridade das diferentes palavras quando entrelaçadas e exortadas com vontade.

O que você quer dizer aos seus colegas sobre o mundo que querem construir juntos? É possível capturá-lo em uma página? Um parágrafo? *Uma única palavra?* Mark Twain uma vez se desculpou por escrever uma carta longa, explicando que não tinha tempo para escrever uma curta. Escreva

* Em seu poema épico, *Jabberwocky*, Carroll combinou o inglês com um idioma completamente inventado que nos deu palavras como *chortle*, *galumphing* e *frumious* (minha favorita), uma combinação de fumegante e furioso.

aos stakeholders o equivalente a uma carta curta — o que, ao que parece, pode exigir um pouco de tempo extra.

TESTE DE CORAGEM: Prossiga quando entender profundamente a história de mudança que deseja contar.

Honre o Passado (as Coisas Boas)

Vamos dividir sua história em partes distintas, pelo menos por enquanto. Ainda que pareça contraintuitivo (a mudança é sobre o futuro, certo?), sugerimos que comece olhando para trás. Comece honrando a história da empresa e refletindo sobre todas as coisas que *não* quer mudar. A realidade é que ninguém embarcará em seu trem de mudança, a menos que possa nos convencer de que você entendeu, de que realmente entende a organização, começando com todas as coisas boas.

Vejamos uma forma prática de analisar isso: sempre haverá gatekeepers autonomeados e resistentes à mudança. Sempre, sempre, sempre. Normalmente, são boas pessoas que têm memórias institucionais de longa data, se preocupam profundamente com a organização e se preocupam mais com o que pode ser perdido em todo o fluxo e rotatividade que você está propondo. Para conquistar esses gatekeepers — e reassegurar os sentimentos dentro de todos nós (oi de novo, tio Dick!) que não gostam de incerteza —, deixe claro que você preservará o que há de melhor na empresa.

A mudança pode fazer muito sentido lógico, mas também pode ser inquietante e perturbadora para as pessoas afetadas por ela. É provável que durante esse processo haja beneficiados e prejudicados.

Revele que entende essa ansiedade. Você pode não vivenciá-la, mas *entende*. Na verdade, sugerimos que fique ao lado de, pelo menos, um gatekeeper esta semana, a fim de que vivencie de perto essa ansiedade. É mais provável que você a honre se puder vê-la e senti-la.

Em um estudo sobre organizações que iniciaram mudanças em larga escala, uma descoberta importante foi que os funcionários temiam que a empresa não fosse mais aquela que valorizavam e com a qual se identificavam — e quanto maior a incerteza em relação à mudança, mais os funcionários se preocupavam em perder a identidade organizacional que valorizavam.[3] Esses pesquisadores descobriram que os líderes eram mais eficazes na construção de apoio à mudança quando também enfatizavam a continuidade.

É tão fácil se concentrar nas coisas que se quer mudar que a oportunidade de comunicar o que você realmente *não* quer mudar se perde. É uma autolesão altamente evitável, porque há sempre algo sobre a organização que se deseja manter. Se fosse diferente, você nem estaria tendo esse trabalho.

Quando Dara Khosroshahi organizou sua primeira reunião aberta como novo CEO da Uber, teria sido tentador destacar os erros amplamente divulgados da empresa e se estabelecer como o salvador da Uber. Ao contrário, ele se comprometeu a "manter a vantagem que fez da Uber uma força da natureza", e foi recebido com aplausos estrondosos dos funcionários. Ele também se juntou a uma ovação de pé para o ex-CEO da empresa, Travis Kalanick.

Naquele momento, ficamos impressionados com o tato de Khosroshahi, e essa é a palavra que queremos que você canalize. Procure ter tato com as pessoas ao seu redor que não têm tanta certeza sobre todos os seus grandes planos, os céticos, os resistentes, e os simplesmente assustados. Abra espaço para essas pessoas em seu coração — e em sua história — o que significa honrar o passado ao qual elas podem estar muito apegadas.

TESTE DE CORAGEM: Prossiga quando souber o que deseja preservar na organização.

Honre o Passado (as Coisas Não Tão Boas)

Conforme nossa exploração durante a semana, lembraremos que, se sua empresa "oscilou" em relação à confiança com um conjunto específico de stakeholders, você precisa reconstruir essa confiança antes de ganhar o direito de seguir adiante. Por exemplo, estimulado pelo post corajoso de Susan Fowler no blog, Khosroshahi combinou seu compromisso de reter o que há de melhor na Uber com a promessa de fazer um trabalho profundo de mudança cultural.*

Esse trabalho também deve embasar seu storytelling. Muitos esforços para construir maior inclusão, como os da Uber, exigem um acerto de contas público com o passado de uma organização. Em janeiro de 2014, o decano Nitin Nohria pediu desculpas pelo tratamento histórico da Harvard Business School às mulheres em declarações extraordinárias que reconheceram que as mulheres da HBS se sentiram "desrespeitadas, deixadas de fora e não amadas pela instituição". Segundo sua declaração, inequivocamente, "a faculdade deve mais a vocês e eu prometo que será melhor."[4]

Suas palavras bombaram nas redes de ex-alunos e, pessoalmente, significaram muito para nós. Quando as pessoas nos perguntam como uma organização pode se curar de um passado doloroso, muitas vezes refletimos sobre o exemplo gracioso de Nohria. Em nossa experiência, muitos líderes precisam confrontar a história de sua organização com otimismo e honestidade. O otimismo tem a ver com a construção de um amanhã melhor, corrigindo os problemas de uma organização com o tipo de humildade e ambição que exploramos ao longo deste livro. Honestidade é assumir uma responsabilidade radical pelas coisas que deram errado e pelos custos humanos desses erros.

A Riot Games fez essa escolha quando respondeu a alegações muito conhecidas de uma cultura machista e desunida. Poucos dias depois que as alegações vieram à tona, a empresa publicou um pedido de desculpas claro em seu site. "A todos aqueles que decepcionamos, sentimos muito. Lamentamos que a Riot nem sempre tenha sido — ou nunca tenha sido — o lugar que prometemos a você. E lamentamos que tenha demorado tanto para ouvirmos vocês."[5] Citamos essa carta com frequência em nosso trabalho como um exemplo de como assumir uma responsabilidade clara e inequívoca por um passado doloroso.

O pedido de desculpas franco da Riot vai contra o instinto de muitas empresas que são cobradas por erros históricos. Quando Frances Haugen, engenheira de dados, desafiou a Meta a trabalhar mais para proteger seus usuários mais vulneráveis, a primeira resposta da empresa foi tentar minar sua

* Em fevereiro de 2017, depois de deixar a Uber, Fowler fez uma postagem de blog sobre sua experiência de assédio e discriminação em uma cultura que ela retratou de forma convincente como implacável. Sua publicação teve grande repercussão entre as profissionais de tecnologia e provocou uma reação contra o assédio sexual no Vale do Silício.

credibilidade como mensageira (boa sorte com isso) em vez de reconhecer os danos que ela documentou rigorosamente.[6] Haugen venceu, em nossa opinião, provocando uma onda de desaprovação pública com a empresa, uma queda no preço de suas ações e um aumento na vigilância regulatória.[7] Notavelmente, Haugen não estava adotando uma abordagem de terra arrasada e queimando tudo: fez um convite à Meta para ser rápida e consertar as coisas, e a empresa pareceu recusar. A Riot, por outro lado, aceitou.

Você não precisa ter todas as respostas para iniciar esse processo, precisa estar disposto a encarar com firmeza sua história e começar o trabalho de lidar com ela. Quando a Riot encerrou sua carta com a promessa de "tornar a Riot um lugar do qual todos possamos nos orgulhar" nas semanas, meses e anos seguintes, a empresa não tinha todos os detalhes elaborados do plano. O que sabia era que precisava de um plano.

TESTE DE CORAGEM: Prossiga quando estiver disposto a confrontar os danos que a organização causou (e ainda pode estar causando).

Tenha uma Gestão de Mudança Clara e Convincente

Agora que você abriu o coração do seu público para sua mensagem, mesmo que ligeiramente, é hora de dar às pessoas o que elas querem: uma *razão* clara e convincente para a mudança. Esta parte da sua história é a segunda da narrativa de três partes sendo construída. Você honrou o passado — o bom, o ruim e o feio — e agora nos dará uma justificativa forte para criar um futuro diferente.

Como ponto de partida, reflita sobre o trabalho de diagnóstico feito na segunda-feira. Quais problema você encontrou? Como esses problemas representam uma ameaça para a organização? Suas respostas devem estimular uma ação organizacional suficiente para mover os quadrantes no mapa de CONSERTO e substituir o conforto de atitudes e comportamentos familiares. Nessa empreitada, entre os desafios que encontrará está a Lei de Kanter, que postula que *tudo parece um fracasso no meio*.[8] Seus colegas aventureiros precisarão de boas razões para seguir em frente, e é o que você articulará agora.

Quando iniciou uma reviravolta na Domino's em resposta à queda nas vendas e a um preço das ações abaixo do esperado, o CEO Patrick Doyle precisou romper o mal-estar que se instalara na estrutura corporativa da empresa. A Domino's estava entre as maiores marcas de alimentos do planeta, tendo entregado (literalmente) sua promessa radical de entregar uma pizza em tempo recorde. Qual era o problema? Como um repórter apontou na época: "Ter que comê-la." Na verdade, os consumidores achavam que a pizza da Domino's tinha um gosto tão ruim que gostavam *ainda menos* quando descobriam quem a fazia.[9]

Doyle e sua equipe — liderada pelo CMO Russell Weiner (que foi elevado a CEO*) — decidiram chocar o sistema ao destacar a frustração dos clientes. Eles rastrearam o feedback mordaz dos clientes e depois o compartilharam em anúncios nacionais e em um outdoor digital gigante e sem censura na Times Square, em Nova York. Comentários em tempo real como "pior pizza que eu já comi" e "tem gosto de papelão" passando em letras enormes na praça urbana mais visível dos Estados Unidos.

A jogada previsível teria sido a equipe permanecer na Administração Responsável e resolver o problema silenciosamente, minimizando e racionalizando as avaliações negativas do mercado. Em vez disso, eles criaram o combustível para a Excelência Acelerada, tornando a razão da mudança vividamente clara para seus stakeholders. Agora não havia como escapar: a Domino's tinha um problema e estava disposta a assumir total responsabilidade por isso. De acordo com Weiner: "Ao dizer o que dissemos sobre a pizza, explodimos a ponte. Foi isso que a tornou muito mais impactante. Se não desse certo, não havia para onde recuar. Não tinha mais volta."[10,11]

A Domino's estimulou a ação dizendo a todos sobre sua pizza de péssimo sabor, incluindo os clientes (o esforço foi apelidado de "Pizza Turnaround" [reviravolta], que foi cirúrgico, de forma profunda e simples). Ao se aproximar dos consumidores em vez de tentar manipulá-los, a empresa enviou um sinal poderoso de autenticidade. Também engajou o mercado muito diretamente, elevando seu feedback (literalmente) para uma cópia com qualidade de outdoor. Os clientes receberam um papel essencial de dizer a verdade na campanha — e um excelente motivo para prestar atenção ao que

* Devemos contar que ser rápido e consertar as coisas tem uma série de efeitos colaterais, incluindo taxas mais altas de promoção.

aconteceria a seguir. Não mais à margem, esperando que a Domino's fizesse todo o trabalho, os clientes estavam ajudando a *coproduzir* o conserto.*

O que aconteceu depois acabou sendo bom para todos. A pizza da Domino's ficou muito melhor, e o mercado respondeu rápida e positivamente. A Pizza Turnaround gerou um crescimento de vendas nas mesmas lojas de mais de 10% em menos de um ano, e o preço das ações da empresa decolou.

TESTE DE CORAGEM: Prossiga quando puder descrever por que a organização precisa mudar em uma linguagem clara e convincente.

Descreva um Caminho Rigoroso e Otimista a Se Seguir

E agora, para a terceira parte de sua narrativa de mudança: uma descrição de *como* a organização vai mudar. Esta é a grande revelação, a parte em que a tensão é apaziguada e aprendemos sobre o seu Plano Muito Bom para resolver o problema da organização. Use o bom trabalho feito na terça e na quarta-feira para motivar essa parte da história. O que você aprendeu e que revelou o caminho? O que o convenceu de que a direção que você está indicando e defendendo é a certa? A estrada é realmente transitável? Qual seu nível de confiança nisso?

Ao elaborar suas respostas, deve-se transmitir dois sinais importantes: rigor e otimismo. Na parte do rigor, use-o como uma oportunidade para reforçar o pilar *lógico* do seu triângulo de confiança organizacional. Conte-nos tudo sobre sua estratégia de mudança e plano operacional para cumpri-la. Observe que quem está na Disrupção Imprudente pode ficar tentado a pular esta parte e simplesmente pedir aos stakeholders que confiem em você. Em suma, eles não vão confiar, não aqueles que você quer ter por perto: os

---

* Este é um bom exemplo de uma tendência crescente de clientes desempenhando funções operacionais anteriormente reservadas para funcionários remunerados. Ao pensar em seu plano operacional, não descarte seus clientes como potenciais participantes do processo de geração de valor.

membros mais fortes do conselho e os melhores funcionários. Apele para a própria lógica deles, revelando a profundidade da sua.

Os dados são seus amigos nesse caso, então se acostume com os números. Dê uma boa olhada em todos eles e, em seguida, escolha *alguns* para usar como pontos de enredo da história. Menos é mais quando se trata de dados e narrativas. Quando a empresa dinamarquesa Ørsted se reinventou em tempo recorde de uma empresa antiga e ultrapassada de energia para um dos principais fornecedores de energia renovável do planeta — uma extraordinária gestão de transformação concentrou a equipe em uma única proporção: 85%. Em vez de gerar 85% de sua energia a partir de combustíveis fósseis, um mix que a definiu por décadas, a empresa inverteria esse número. Num futuro não tão distante, 85% da energia de Ørsted se originaria de fontes sustentáveis, como eólica e solar.[12]

A equipe rotulou o plano de recuperação de "85/15" e abordou as duras verdades das exposições estratégicas da empresa (mudanças climáticas, esgotamento inevitável das reservas de combustíveis fósseis) com ousadia e, sim, rigor. Henrik Poulsen, o ex-CEO, dá os créditos ao rigor, por convencer uma mão de obra inicialmente cética: "Estabelecemos uma visão de longo prazo, depois a traduzimos em uma ambição estratégica de negócios com metas tangíveis para guiá-la. Em seguida, encaixamos isso nos itens de ação em que cada funcionário se concentraria no próximo ano."[13] Dada a ambição de 85/15, a Ørsted tinha como objetivo uma meta de recuperação de uma geração, o equivalente a 30 anos. A empresa acabou atingindo sua meta em 9 anos, *21 antes do previsto.*

Agora, a parte do otimismo. Se você chegou até quinta-feira, então acredita no futuro da empresa. Ou seja, por favor, dê aos seus stakeholders acesso irrestrito a essa convicção. Jeff Bezos pede à sua equipe que defenda rigorosamente novas ideias em memorandos muito estruturados de seis páginas. Outra conduta dele, não tão famosa, pede que juntem esses memorandos com releases de imprensa imaginários, em parte, para testar se eles têm entusiasmo genuíno.[14] Independentemente do lugar que você ocupe na organização, uma parte importante de seu trabalho agora é ser o *chief change evangelist* (CCE) [diretor evangelista da mudança], uma posição autonomeada com apenas uma responsabilidade fundamental: recrutar convertidos à visão. O otimismo é uma emoção altamente contagiante que está entre suas ferramentas de conversão mais eficazes.

Apenas 15% dos funcionários dos EUA concordam em absoluto que a liderança de sua organização os faz se sentir entusiasmados com o futuro.[15]

Em nossa experiência, essa estatística surpreendente é um erro espontâneo com um conserto relativamente simples: conte-nos sobre sua maneira rígida e otimista de seguir em frente.

TESTE DE CORAGEM: Prossiga quando puder descrever seu plano de mudança de uma maneira que inspire confiança.

Junte as Peças da Sua História

Os estudos são muito diretos: as histórias são a melhor maneira de ensinar, inspirar e nos conectarmos com nossos semelhantes. Usamos histórias para dar sentido ao mundo e ao nosso lugar nele. Como a antropóloga Mary Catherine Bateson concluiu, "a espécie humana pensa em metáforas e aprende por meio de histórias".[16] Você já tem problemas suficientes sem tentar lutar contra a biologia, então vamos contar uma boa história.

Ursula Burns, enquanto CEO da Xerox, liderou a empresa para fora de sua natureza competitiva, dando uma grande guinada, da fabricação para os serviços. As histórias foram a moeda da gestão transformadora de Burns, que refletiu: "Uma das coisas que aprendi foi que as histórias importam, as comunicações importam, colocar as coisas em contexto importa."[17] Burns passou inúmeras horas se reunindo com os stakeholders de todo o mundo e deixando claro que a mudança em ampla escala era o único caminho a se seguir — e que havia uma Xerox melhor do outro lado: "Dizer às pessoas a realidade do que está acontecendo e dar-lhes esperança, fornecendo-lhes a visão e a ideia de como será quando passarmos por isso é fundamental. É essencial que as pessoas adotem suas ideias."[18]

Assimile a dica de Burns e monte a própria história de mudança de uma forma que honre o passado, articule o comando de mudança e forneça uma visão rigorosa e otimista para o futuro. Comece escrevendo a história em uma estrutura simples de três partes usando os seguintes títulos de capítulo: "Os Bons e Velhos Tempos", "A Gestão de Mudança" e "O Caminho Otimista À

Frente".* Sua história pode não se encaixar perfeitamente nessa arquitetura, mas vamos desafiá-lo a tentar do nosso jeito primeiro. Prometemos que algo útil sairá do exercício.

Se for prático, faça o exercício com uma equipe (é um bom acompanhamento para seu sarau de poesia) e, em seguida, compartilhe o que você escreveu além do grupo para testar e melhorar a história. Como sempre, não descarte seus clientes como recursos em potencial. Peça feedback a clientes de confiança ou se inspire na Domino's e dê-lhes a própria voz direta na história. Não raro, uma mudança na dinâmica do mercado é um motivador de mudança poderoso, e seus clientes podem ser os melhores mensageiros dessa mudança.

Você também não precisa se limitar às palavras (e ao número ocasional). Quando Jan Carlzon liderou a restruturação da Scandinavian Airlines (SAS) — que ainda está entre as restruturações mais bem-sucedidas da história dos negócios —, distribuiu um quadrinho curto e ilustrado que tinha um avião de desenho animado, descrevendo a guinada da empresa para uma estratégia orientada ao mercado, alicerçada na satisfação dos viajantes de negócios. A Figura 4-1 destaca uma de nossas páginas favoritas deste livro, que capturou a gestão de mudança de Carlzon em uma única imagem com um avião triste e algumas palavras dispersas.

* A propósito, se "Os Bons e Velhos Tempos" não forem tão bons assim, ainda vamos pressioná-lo a honrar o que a organização acertou. Ninguém que está lendo este livro está planejando destruir tudo, então deve haver algo que valha a pena reconhecer e preservar. Se as coisas boas foram limitadas ou deixaram algumas pessoas para trás, coloque essa parte da história na "Gestão de Mudança".

FIGURA 4-1

O Avião da SAS Está Triste

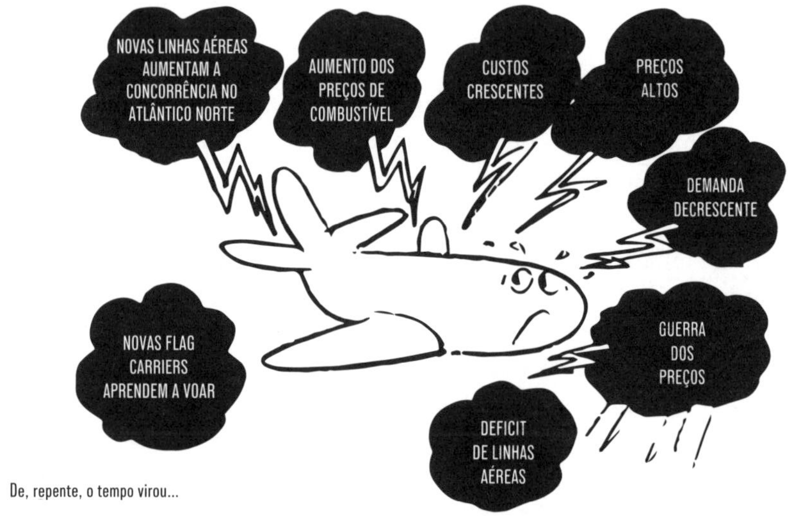

Fonte: Jan Carlzon, *Let's get in there and fight!* (Scandinavian Airlines System, 1981), https://www.slideshare.net/karina_nik/lets-get-in-there-and-fight-by-jan-carlzon-sas-eng-only.

Os colegas seniores de Carlzon estavam convencidos de que a mão de obra intelectual escandinava do SAS rejeitaria essa forma, mas aconteceu o contrário. O livro foi adotado como uma bússola clara para ajudar a empresa a navegar em suas águas instáveis.[19]

Caso questione a relevância dos livros na era das comunicações digitais, recomendamos que conheça Marguerite Zabar Mariscal, CEO visionária na casa dos 30 anos do Momofuku, um restaurante de ponta e marca de varejo que continuou a prosperar no caos da pandemia de Covid-19.[20] Mariscal encomendou "guias" de bolso lindamente produzidos quando a empresa chegou a mil funcionários, a escala em que ela não podia mais contar com histórias íntimas para capturar o passado, o presente e o futuro da empresa. Cada novo funcionário, de auxiliares de cozinha a sous-chefs e ao chefe de operações, ganha uma cópia do guia.[21]

Use palavras, desenhos animados, imagens, números — qualquer meio necessário — para dar vida à sua história de mudança. Não tenha medo de convidar sua criança interior de 8 anos para o exercício. Torne o processo lúdico e divertido e fique aberto ao inesperado. Quando conduzimos uma grande empresa multinacional por esse exercício, a equipe sênior rompeu um impasse estratégico que estava em vigor há anos. Um participante exclamou: "Salvamos 3 anos em 30 minutos!" Seremos generosos: daremos a você o dia inteiro para experimentar por conta própria.

TESTE DE CORAGEM: Prossiga quando puder contar uma história convincente sobre o passado, o presente e o futuro da organização.

Seja Repetitivo

Agora conte sua história em todos os lugares em que estiver falando: palestras, entrevistas, reuniões abertas e de equipe, conversas individuais. Você pode aproveitar seus pontos fortes como contador de histórias, mas não pare por aí. Saia da sua zona de conforto e experimente diferentes formatos e mídias. Por exemplo, vídeos de alta qualidade e bem editados agora são fáceis de fazer e continuam sendo uma ferramenta de liderança de mudança curiosamente subutilizada (mesmo enquanto assistimos ao TikTok decolar a uma velocidade notável). Apareça no cinema portátil que está nos bolsos de todos os seus funcionários e mostre — não conte — uma grande história de mudança.

Esta é nossa chamada para esta parte da sua agenda: os líderes de mudança precisam se comunicar com muito mais frequência do que pensam ser necessário. Algumas orientações que lhe daremos com convicção é que, o que quer que esteja fazendo, não é suficiente. Em nossa experiência, você provavelmente precisará aumentar a frequência de sua comunicação estratégica de duas a três vezes.

Você tem outras coisas importantes para fazer, então por que se dar ao trabalho? A comunicação frequente acalma nossa ansiedade e garante que humanos ocupados e distraídos entendam a história — até o ponto em que ela possa expressar com segurança as ações *deles*. Este é um objetivo central da liderança de mudança: preparar outras pessoas para que tenham sucesso na sua *ausência*. Como exploraremos em mais detalhes amanhã, a liderança de ausência é essencial para a velocidade organizacional, pois faz com que você não seja um gargalo para o progresso e empodera outras pessoas a avançar com rapidez sem sua supervisão. A repetição, ao que parece, é fundamental para o empoderamento.

Alan Mulally, ex-CEO da Ford, falava incessantemente sobre seu plano de recuperação, *One Ford*. Ele abria *todas as reuniões* que convocava revisando o plano e distribuindo-o em cartões do tamanho de uma carteira para todos os funcionários da Ford. Bryce Hoffman, autor de um livro sobre o comando de Mulally na Ford, disse: "Depois de seis meses, quem seguia na empresa estava cansado de ouvir sobre [isso]." Quando Hoffman pediu a Mulally que compartilhasse "algo novo" em uma entrevista, Mulally olhou para ele como se fosse louco, e rebateu o olhar: "Mas, Bryce, ainda estamos trabalhando neste plano. Até atingirmos esses objetivos, por que precisaríamos de outro?"[22] A implacabilidade de Mulally valeu a pena. Em menos de quatro anos, ele tirou a Ford da beira da falência e fez com que a empresa se tornasse uma das montadoras mais lucrativas do mundo.

Uma equipe de pesquisa liderada por nossos colegas Tsedal Neeley e Paul Leonardi validou os instintos de Mulally. Depois de acompanhar os líderes em seis empresas por mais de 250 horas, registrando todas as comunicações enviadas e recebidas pelos líderes, eles descobriram que os líderes que eram deliberadamente redundantes avançavam seus projetos com mais rapidez e tranquilidade. Refletindo sobre a pesquisa, Leonardi observou: "Somos criados para acreditar que a clareza é a chave para ser um comunicador melhor, mas é sobre fazer sua presença ser sentida. Os funcionários estão sendo atraídos para diversas frentes, se reportando a muitas pessoas e recebendo toneladas de comunicações. Então, como manter os problemas frescos na mente? A redundância é uma maneira de fazer isso."[23]

Dharmesh Shah, fundador da HubSpot, colocou desta forma: "Levei mais de vinte anos como empreendedor para começar a reconhecer o poder da repetição — e, mesmo assim, ainda é desconfortável para mim." Mas Shah argumenta que o desconforto é um sinal confiável de que você está no caminho certo. E prosseguiu: "É natural que pareça antinatural. Não natural, mas profundamente necessário."[24] Uma métrica do seu sucesso hoje: você está cansado de se ouvir falar?

TESTE DE CORAGEM: Prossiga quando estiver cansado de se ouvir contar sua história de mudança.

Identifique e Use Suas Emoções

Vamos terminar o dia falando sobre emoção, uma parte pouco explorada ou, pelo menos, pouco *discutida* da liderança de mudança. (Para um resumo de nossas emoções públicas favoritas, consulte "Dez Emoções Subestimadas no Local de Trabalho".) A evolução nos ensinou a prestar muita atenção às emoções uns dos outros, particularmente as das pessoas com poder sobre nós. Esse tipo de vigilância inconsciente e somática pode ser um ativo e um passivo para os líderes. Como discutimos, isso significa que o otimismo é altamente contagioso — mas a ansiedade também é, por exemplo.

Convencida de que vale a pena desencadear gratidão no local de trabalho, Indra Nooyi, a lendária CEO da PepsiCo, criou o hábito de enviar notas de agradecimento aos *pais* de sua equipe sênior, agradecendo-lhes por compartilhar a maior dádiva deles, seu filho, com a PepsiCo. Escrevia mais de quatrocentas cartas por ano, com resultados extraordinários. Faça uma pausa e imagine o efeito de uma prática como essa em sua própria empresa: como o desejo de contribuir faria essas pessoas trabalharem? Alguns dos executivos de Nooyi — todos extremamente talentosos — relataram que foi a *melhor coisa que já aconteceu com eles.*[25]

Daniel Goleman, que desenvolveu a ideia de inteligência emocional, chamaria as cartas de Nooyi de um exemplo de *liderança primordial.* Ele descreveu o fenômeno da seguinte maneira: "O humor do líder é literalmente contagioso, espalhando-se rápida e inexoravelmente por todo o negócio. O mesmo vale para o escritório, a sala de reuniões ou o chão de fábrica; os membros do grupo inevitavelmente 'captam' sentimentos uns dos outros."[26] Quando você chega à liderança, quer goste ou não, não existe a opção desativar o recurso de transmissão de qualquer coisa que você esteja sentindo.

No início da recente pandemia, as organizações praticaram muito isso. Uma equipe de pesquisa em Harvard procurou decifrar as lições de comunicação a partir desse momento na liderança em crise, enviando uma avaliação para mais de mil funcionários em organizações que foram afetadas pelo vírus. Uma descoberta importante foi que o tom emocional adotado pelos líderes representava uma variável significativa na experiência de seus funcionários. Era tão importante, na verdade, que poderia determinar o sucesso ou o fracasso do comprometimento de um funcionário com a empresa. Um entrevistado relatou: "As calls [de nosso líder] conosco e as garantias de que a empresa nos apoia são inspiradoras. Eu até usei isso como uma humilde vanglória nas redes sociais para garantir que as pessoas saibam que ainda estamos contratando e que este é o tipo de empresa para a qual você quer trabalhar quando as coisas ficam difíceis."[27]

A autoconsciência é a chave para tocar habilmente o "instrumento" das emoções e impedir que seus sentimentos sabotem sua história de mudança. Aceitar suas emoções, integrá-las às suas ações, também é uma oportunidade de construir confiança e reforçar a autenticidade. O oposto — tentar suprimir ou negar o que se está sentindo (que foi? Eu, vulnerável?) — é uma inautenticidade fácil de ler. Para ajudá-lo a fazer as pazes com o que você está sentindo, veremos dez emoções que merecem mais respeito no trabalho.

Dez Emoções Subestimadas no Local de Trabalho

Acreditamos que as emoções, em geral, são subestimadas no escritório. Se você é uma mulher de certa idade, como nós, então pode ter sido advertida contra deixar algo tão confuso quanto um *sentimento* acompanhá-la ao trabalho. E se você é um homem de certa idade, como às vezes somos confundidas (piscadela), então pode ter sido recompensado pelo que parecia ser a ausência de emoção.[28] Essas mensagens conspiraram para criar uma oportunidade perdida. Além de serem ferramentas poderosas de persuasão e influência, as emoções nos fundamentam em nossa humanidade – são úteis quando estamos perto de outros humanos – e nos fornecem dados importantes sobre nossos ambientes. O truque, é claro, é perceber nossos sentimentos e colocá-los para trabalhar sem deixá-los sequestrar o sistema de controle do nosso cérebro. Para ajudar a ilustrar esse ponto, vejamos algumas de nossas emoções favoritas que são subestimadas no local de trabalho. Nem todas são tecnicamente emoções, mas você entendeu:

1. **Frustração.** Paul English, empreendedor em série de alto nível, aproveitou a frustração para cada uma de suas ideias inovadoras, incluindo canalizá-las para o lançamento do mecanismo de metapesquisa Kayak, depois que não conseguiu acreditar quanto tempo estava gastando navegando de um site de companhia aérea para outro para tentar encontrar o melhor voo.[29] Quando ministra aulas para estudantes de MBA, English os desafia a vir para a aula com uma foto de algo que os incomoda. Na maioria das vezes, uma ideia legítima para um negócio nasce em algum momento da aula.

2. **Arrependimento.** Uma variação da frustração, o arrependimento normalmente aparece no limite do eu e do outro. Lamentamos um comentário sem preocupação que fizemos a um colega, por exemplo, ou não ter dito Aquilo no momento em que Aquilo teria feito a diferença. Por mais desconfortável que seja ficar arrependido, muitas vezes nos mostra o que fazer de diferente da próxima vez. Também pode nos dar pistas sobre o que precisamos ajeitar. Se você ainda está se arrependendo desse comentário três dias depois, é um sinal de que, talvez, precise se desculpar.

3. **Entusiasmo.** Isso pode surpreender nossos leitores globais, mas até mesmo os norte-americanos são advertidos por serem muito entusiásticos no trabalho. Na verdade, uma de nós já foi aconselhada a nunca usar a palavra *animada* como mulher, uma sugestão de uma incontrolável e francamente *feminina* falta de controle. Chame de outra coisa, se quiser, mas não se esqueça de que os líderes de mudança mais eficazes são muito fiéis ao mundo que estão construindo e revelam seu entusiasmo a cada passo.

4. **Devoção.** Os seres humanos prosperam em um contexto de padrões altos e devoção profunda, definido como um compromisso plano e sem remorso com o sucesso de outra pessoa. Às vezes, retemos toda a extensão de nossa devoção com base na falsa crença de que isso de alguma forma atrapalhará a parte dos altos padrões. Em suma, não vai, então, por favor, deixe bem claro o quanto você quer que seus colegas destruam essa crença.*

5. **Felicidade.** Tony Hsieh, que descanse em paz, nos mostrou todo o poder de despertar alegria no trabalho, criando o Zappos, seu império

de calçados sobre uma base de funcionários, clientes e fornecedores felizes. E, mesmo assim, em taxas muito altas, continuamos fazendo outras pessoas muito infelizes no local de trabalho. Que o legado de Hsieh seja ouvirmos com mais atenção o que ele veio aqui nos dizer.

6. **Desconforto.** Sempre erramos esse aqui, pelo menos parte do tempo, confundindo desconforto com um sinal a fim de parar de fazer o que estamos fazendo. Somos programados para evitá-lo como seres humanos e, no entanto, muitas das coisas boas acontecem fora da nossa zona de conforto, desde aprender algo novo até enfrentar um problema que ainda não sabemos como resolver. Ouça Virginia "Ginni" Rometty, ex-presidente, presidente e CEO da IBM: "Crescimento e conforto não coexistem."[30]

7. **Raiva.** Sim, achamos que há um lugar para a raiva também, se não por outro motivo, a supressão da raiva acabará por convertê-la em uma toxina interna. A raiva é complicada em vários níveis, incluindo o fato de que nem todos temos acesso igual a ela. Por exemplo, os profissionais negros que expressam raiva no trabalho são mais propensos a pagar um preço por essa escolha.[31] A raiva é muitas vezes uma emoção secundária, uma máscara para sentimentos mais complicados, como decepção ou tristeza. Quando treinamos as pessoas sobre isso, muitas vezes é por aí que vamos começar. O que pode estar escondido por baixo da raiva? O que você pode aprender com *essa* emoção?

8. **Alegria.** Um dos quatro valores fundamentais da equipe do lendário treinador da NBA Steve Kerr (juntamente com atenção plena, compaixão e competição), que acredita ser o combustível do extraordinário sucesso do Golden State Warriors. A alegria muitas vezes surpreende as pessoas, pelo menos até que vejam os Warriors de Kerr dominarem a quadra se divertindo.[32] A propósito, também não temos acesso a ela de forma equitativa, e é por isso que ainda é um "ato de resistência" para alguns de nós.**

9. **Companheirismo.** Não há uma palavra perfeita para o que queremos dizer aqui, então vamos simplesmente colocar desta forma: a vida coloca todos nós de joelhos em algum momento. Precisamos que outras pessoas nos ajudem a nos levantar, de maneiras grandes e pequenas. É provável que você conheça algumas pessoas assim no trabalho.

10. Tato. Acreditamos ser o mais importante – e muito escasso para o momento em que estamos vivendo e trabalhando. Em nossa experiência, o tato começa como um trabalho interno, o que significa que precisamos abrir espaço para nossa própria humanidade falha antes que possamos abrir esse círculo para outras pessoas. Dependendo de suas circunstâncias, o tato pode se apresentar como bondade, compaixão ou generosidade de espírito. Pode ser uma decisão de ter a conversa difícil ou *não*. Seja como for, o tato exige prática em nós mesmos antes de sermos condutores confiáveis para os outros.

*Para uma discussão mais longa sobre a mecânica de estabelecer altos padrões e revelar profunda devoção, veja o Capítulo 3 de *Unleashed*, que intitulamos "Amor". Acreditamos que criar as condições para que outra pessoa prospere e evolua está entre as formas mais puras de amor.
**A frase "A alegria é um ato de resistência", de tirar o fôlego aparece pela primeira vez como um chamado revolucionário ao feminismo negro no belo poema de Toi Derricotte, "The Telly Cycle".

Contraintuitivamente, para o mundo exterior, pode parecer que dominar as emoções é não fazer nada. Vamos estabelecer um padrão alto agora: ter aulas de liderança com Abraham Lincoln. Como nossa colega Nancy Koehn explora em seu fascinante estudo sobre liderança de crise, Lincoln foi capaz de resistir a tomar medidas imediatas, mesmo diante de uma presunção extraordinária de fazer algo, *qualquer coisa* em resposta a um aparente desastre. Koehn escreve: "Em nosso ápice emocional, quando nossa atenção e tempo estão focados na reação instantânea, parece quase inconcebível que nada possa ser o melhor que podemos oferecer."[33] E, no entanto, a história sugere que às vezes é o certo a se fazer. Diminuir o seu tempo de reação pode permitir que você seja *mais rápido* como uma organização, especialmente quando isso ajuda a evitar erros evitáveis, um tema para amanhã.

TESTE DE CORAGEM: Prossiga quando estiver pronto para contar uma grande história de mudança.

5 SEXTA-FEIRA

Seja o Mais Rápido Possível

Em 4 de abril de 1967, o Dr. Martin Luther King Jr. discursou para uma Igreja Riverside lotada, que ficava em Morningside Heights, um bairro movimentado no Upper West Side da cidade de Nova York. Neste ponto, King era o líder com mais visibilidade no movimento para promover os direitos civis nos Estados Unidos. O foco de seu discurso naquele dia foi a Guerra do Vietnã, um assunto que muitos espectadores pensavam que não tinha nada a ver com seu tema costumeiro.[1]

Quebrando seu silêncio oficial sobre a guerra, King tomou a decisão politicamente arriscada de conectar o conflito ao trabalho de sua vida. Ele exortou os norte-americanos a lidarem com o verdadeiro horror e os custos sociais da guerra, não em algum ponto futuro vago, mas com a "urgência feroz do agora", uma frase impactante que King havia usado no discurso "Eu tenho um sonho" alguns anos antes. Ele esbravejou no púlpito: "Somos agora confrontados com o fato de que amanhã é hoje. Neste enigma da vida e da história que se desenrola, existe aquilo que chamamos de 'tarde demais'."[2]

Existe aquilo que chamamos de "tarde demais". Há muitas falas surpreendentes neste discurso, mas depois dessa, a respiração sempre fica presa. O tempo está passando. A oportunidade de mudança é finita. Não é apenas o que fazemos, mas quando o fazemos, é isso que faz a diferença entre intenções admiráveis e ter impacto. Um ano depois do dia em que fez este discurso, King foi assassinado.

Sexta-feira é sobre não perder a chance de mudar as coisas. A recompensa de todo o seu trabalho duro na última semana — de todos os seus esforços para conquistar confiança, fazer novos amigos e contar graciosamente sua história de mudança — é que agora você ganhou o direito de ser rápido. É mais provável que consiga dar conta de tudo e *menos* provável que quebre as coisas ao longo do caminho.

Sua missão de hoje é executar o Plano Muito Bom com um senso de urgência. Usaremos a palavra *urgência* sem papas na língua, embora também tenha má reputação, como a velocidade, e seja associada com fenômenos como a "hustle culture" [cultura de agitação, em tradução livre].* Mas a urgência, no seu auge, elimina a complexidade e o ruído de nossas vidas organizacionais. Ela mobiliza o dinamismo de um sistema e deixa claro para todos que o problema que está sendo resolvido é importante. A urgência reconhece que *existe aquilo que chamamos de "tarde demais"*.

Em nossa experiência, a maioria dos grandes problemas organizacionais merece uma resposta mais urgente, velocidade de resposta à frustração e à mediocridade e, em muitos casos, ao verdadeiro dano causado pelo status quo. Ou seja, hoje você eliminará as distrações, atualizará as suposições (como ponto de partida, veja "Dez Crenças que Atrapalham A Rapidez") e se debruçará sobre quaisquer obstáculos administrativos que estejam impedindo o progresso. As pessoas costumam nos perguntar sobre o momento certo para grandes mudanças, e nossa resposta é quase sempre a mesma: que tal agora? Agora parece um bom momento para acelerar a excelência. Sextou.

PAUTA DE SEXTA-FEIRA

1. Saia da frente.
2. Seja ruim em outra coisa.
3. Torne-se um guerreiro da cultura.**
4. Faça reuniões melhores.
5. Reduza o trabalho em andamento.
6. Crie uma maneira de acelerar os projetos.
7. Encare o conflito.

* A urgência é um foco seletivo que possibilita uma ação rápida e estratégica. Observe que, se tudo é urgente, como na hustle culture, então nada é urgente.

** Alguém que olha sem medo para sua cultura organizacional e sabe que pode mudá-la.

Materiais Necessários para Hoje

- Documentação dos elementos-chave do seu Plano Muito Bom
- Compreensão da sua cultura organizacional, ou seja, *como as coisas realmente são feitas por aqui*
- Disposição para compartilhar direitos de decisão com pessoas que os conquistaram
- Orçamento para servir lanches deliciosos e nutritivos à sua equipe
- Uma música que ajuda a acalmar seu sistema nervoso
- Autoconsciência

Dez Crenças que Atrapalham a Rapidez

Nas próximas páginas, exploraremos muitos tópicos. Porém, queremos desde já despertar o seu interesse e fazê-lo pensar na probabilidade de que você ou alguém que ama possa estar contribuindo, sem perceber, para diminuir a velocidade de resposta da sua organização. Embora possam se manifestar como barreiras externas ao progresso (muitas reuniões! Protocolos de aprovação complicadíssimos!), os obstáculos começam, como a maioria das coisas, em ideias e suposições enraizadas em nossos mundos internos, compartimentos mentais individuais que ainda habitamos, felizmente, com menos entusiasmo à medida que a sexta-feira chega.

1. **Mudanças significativas acontecem lentamente.** Quando vemos a história humana a partir do privilégio da distância, o progresso pode levar décadas, gerações, até séculos (ou mais). A história pode levar muito tempo, porém a *mudança* pode ser mensurada em minutos, horas e dias necessários para identificar um problema e iniciar o flywheel de ação que leva, afinal, a soluções. De fato, se analisar bem, a história avança em um tranco quando os agentes de mudança decidem que o momento mais importante é *agora*.

2. **Podemos fazer isso mais tarde.** Os líderes de mudança mais bem-sucedidos que conhecemos estão muito cientes do custo do *agora, não*, o alto preço que um sistema paga quando está inerte. Eles vivem o ditado de que a passividade confortável é mais arriscada do que a ação desconfortável. No acerto de contas nacional sobre justiça e raça que sucedeu o assassinato de George Floyd, Bill Valle, CEO da Fresenius Medical Care North America, tomou a frente e declarou essencialmente à organização: "Ainda não sei exatamente o que vamos fazer, mas sei que temos que começar *agora*." Então, ele agiu rápido e empoderou uma equipe para ajudar a construir uma cultura mais forte de pertencimento na empresa.[3]
3. **O tempo dos outros é um recurso abundante e de baixo custo.** Vamos rever este tema — assim como fazemos na vida real — sempre que tivermos a chance. Caso esteja em uma função de liderança, o tempo de seus colegas é o recurso mais estratégico que você tem o privilégio de consumir. Os líderes que dominam a velocidade tratam esse recurso preciosamente, fazendo de tudo, desde ajudar suas equipes a priorizar de maneira implacável até planejar e facilitar reuniões com cuidado. Os líderes que não a dominam tendem a usar o tempo de outras pessoas de forma casual.
4. **Precisamos de mais informações.** Em uma carta aos acionistas da Amazon, Jeff Bezos argumentou que a maioria das decisões deve ser tomada com cerca de 70% das informações que se deseja.[4] Alguns dos líderes que conhecemos e que tropeçaram na liderança da mudança estavam aguardando 100% das informações que queriam, incluindo a confiança preditiva no final de histórias ainda não escritas — saber precisamente como funcionários reagiriam a uma decisão, por exemplo, ou como os concorrentes reagiriam a um movimento estratégico ousado. Parecia mais seguro para esses líderes ter mais reuniões e executar mais cenários, mas essa sensação de segurança era ilusória. Toda essa espera fez com que a organização ficasse mais vulnerável, não menos.

5. **Ir rápido é imprudente.** Devemos respeitar a maestria retórica de Ralph "Waldo" Emerson, que nos deu uma maneira mais poética de dizer isso. Em seu ensaio sobre o tema da *prudência*, ele observou que "ao patinar sobre gelo fino, nossa segurança é nossa velocidade".[5] Para os leitores que ainda duvidam da rapidez, guardem essa citação na mente.

Uma verdade contraintuitiva sobre a velocidade é que ela pode nos fornecer mais segurança, não menos, ao reduzir nossas chances de cair no gelo metafórico.

6. **Ser lento é o correto.** Correndo o risco de sermos repetitivas, diremos isso de outra maneira: se você não estabeleceu uma base sólida de confiança, inclusão e clareza (também conhecida como segunda à quinta), diminua a velocidade e reavalie. Tire o pé do acelerador e passe um tempo na Administração Responsável. Para todos os outros estágios, saiba que está colocando em risco a chance de fazer mudanças significativas. *Existe aquilo que chamamos de "tarde demais".*

7. **Nosso pessoal está sobrecarregado.** Alguns de vocês podem estar desacelerando as coisas, mesmo sem perceber, como um antídoto para algum outro mal social ou organizacional, como ansiedade, burnout ou distração. Quando esses sentimentos estão aparecendo em escala em uma organização, é improvável que reduzir a marcha tenha muita serventia. Volte para segunda-feira e lide *diretamente* com esses problemas. Quando os líderes conquistam confiança resolvendo os problemas certos e cuidando de seus stakeholders, podem ir tão rápido quanto seus problemas exigirem.

8. **Temos que ser ótimos em tudo o que fazemos.** Se você não está disposto a ser ruim em algumas coisas, isso significa que também não está disposto a liberar os recursos – capital, tempo, energia – para ser excelente em outras.[6] Portanto, se quiser ter um desempenho superior em *velocidade*, será preciso ter um desempenho inferior em algum outro comportamento organizacional. O truque é escolher algo que permita maior rapidez – ser ruim *em favor* da excelência – e não destrua a confiança com os principais stakeholders. Isso não é tão difícil quanto parece, como veremos nas páginas a seguir.

9. **A estrutura é inimiga da velocidade.** Os Navy Seals têm um famoso ditado que diz que "lento é leve e leve é rápido". Interpretamos isso, entre outras coisas, como o fato de que, embora reduzir as dificuldades possa demandar um pouco mais de tempo inicialmente, o investimento em aperfeiçoamento do processo resulta em maior velocidade na sequência. Segundo nossa experiência, criar sistemas operacionais bons e claros é a melhor estratégia disponível de redução de dificuldades. No mínimo, estabeleça uma pauta para a próxima reunião.

10. Precisamos de mais tempo para nos preparar. A antecipação da mudança introduz a ansiedade em um ecossistema, e o antídoto é substituí-la pela mudança *real*. Quanto mais tempo você espera para liderar a mudança necessária, mais tempo os humanos ao seu redor têm para *alucinar* – termo muito apreciado por Tom DeLong, nosso colega – sobre todas as mudanças catastróficas que o futuro incerto pode apresentar. Há também o valor de arrancar o Band-Aid para dar continuidade às coisas que permitem que você crie impulso logo de cara. Como dissemos antes, *simplesmente comece*.

Saia da Frente

Muitas barreiras à velocidade se resumem à física organizacional relativamente simples. Se você construir uma cultura de decisão em que todos os temas em pauta decisória tenham que fluir por um único ponto, então a velocidade será um trade-off muito direto. Abrir essa comporta, mesmo que um pouco (para alguns de vocês, significa passar de um para dois tomadores de decisão importantes), pode aumentar drasticamente o "ritmo de batalha" da sua organização.

Podemos dizer isso de uma forma mais ambiciosa: a forma mais rápida de acelerar sua empresa é empoderar mais pessoas para tomar mais decisões. Isso pode parecer contraintuitivo em setores em que o risco é alto ou onde uma cadeia de comando é essencial (no setor de atendimento à saúde, por exemplo), mas é justamente onde o risco é mais alto que é importante que seu pessoal tenha as informações necessárias para dar as orientações certas sem você. Obviamente, quando as condições forem lentas e previsíveis, diga às pessoas o que fazer. Em todas as outras, a aposta mais segura é *ensiná-los a pensar*.

Não é surpresa, então, que algumas das ideias mais convincentes sobre empoderamento tenham emergido da névoa da guerra. Quando o General Martin Dempsey, ex-presidente do Estado-Maior Conjunto dos Estados Unidos, se propôs a tornar o Exército dos EUA mais rápido e melhor, ele começou *cedendo poder*[7]. Chamando essa nova abordagem de "Comando de Missão", Dempsey articulou uma visão para a liderança do exército focada em ensinar os subordinados a tomar decisões por conta própria no campo de batalha moderno, em que a velocidade importava mais do que nunca e as circunstâncias estavam em constante mudança.*

Para quem ainda está se acostumando com a visão de mundo de Dempsey, considere tentar algo novo com seu Plano Muito Bom. Você trabalhou duro ontem para deixar clara sua estratégia de mudança rigorosa e otimista e explicar *por que* está fazendo isso. Agora, informe à sua equipe quais decisões de execução, *quais* partes não precisarão você. Também é um excelente momento para discutir a tomada de decisões de forma mais ampla, aproveitando a riqueza de estruturas de decisão disponíveis para apoiá-lo.[8] A maioria vai pressioná-lo a articular quando é melhor estar envolvido, ser consultado, ou ser brifado após o fato. Escolha um framework e — bingo — faça alguns experimentos inteligentes.

Hoje também queremos convidá-lo a se engajar nas *operações* de empoderamento, por meio de mudanças estruturais que viabilizam a tomada de decisões descentralizadas. Um dos nossos exemplos favoritos é a política da Ritz-Carlton de dar a cada funcionário o poder de gastar até US$2 mil por incidente para resolver um problema do hóspede por conta própria, sem a necessidade de aprovações complicadas do gerente.[9] Horst Shulze, o fundador da empresa, ao ser questionado sobre essa política, refletiu: “Quando introduzi essa prática anos atrás, os proprietários das franquias da Ritz-Carlton ameaçaram me processar.” Contendo um sorriso, ele contou que a maioria dos incidentes é resolvida sem chegar nem perto do limite de aprovação US$2 mil: “Uma bandeja de cookies ou um almoço tem sido suficiente.”[10]

Em nossa experiência, muitos líderes abraçam ou resistem ao empoderamento em um nível emocional sem pensar totalmente na lógica disso. Esse era o argumento de Shulze para seus céticos proprietários de franquias: “Mesmo que tivéssemos gastado os US$2 mil, esses são hóspedes que provavelmente gastarão US$200 mil ao longo de suas vidas, então *a única* coisa com a qual devemos nos preocupar é mantê-los como hóspedes.”[11] Isso antes mesmo do buzz boca a boca que essa prática criou.

Uma história de um funcionário da Ritz-Carlton “resgatando” um trenzinho Thomas de brinquedo que pertencia ao filho de um hóspede gerou um valor incalculável na mídia.[12] A criança perdeu o brinquedo

* O modelo de liderança que Dempsey desenvolveu se baseou nas ideias de Helmuth von Moltke, o Velho, um brilhante marechal prussiano de campo do século XIX.

durante a estadia da família em um hotel da Ritz-Carlton, e um funcionário empreendedor foi até a loja de brinquedos para substituí-lo (custo estimado: US$16,99). Antes de devolver Thomas, o funcionário foi tirando fotos dele em várias partes do hotel — preparando comida na cozinha, dando um mergulho refrescante pela manhã — para explicar a ausência de Thomas ao seu jovem dono perturbado. Esse momento mágico foi possível graças a uma mudança operacional fortalecedora na marca e a um item de linha correspondente para financiá-lo.

Além da velocidade, empoderar seus colegas também tem outros benefícios, incluindo melhor desempenho, maior satisfação no trabalho e maior confiança interpessoal.[13] Entrevistamos Emily Hannenberg, ex-comandante de pelotão, sobre o impacto das novas ideias de liderança do general Dempsey. Em uma década de serviço militar, Hannenberg se distinguiu espetacularmente e foi escolhida para treinar novos oficiais no Comando de Missão como professora de ciências militares no MIT. Hannenberg destacou o melhor desempenho das unidades, a moral e, sim, a velocidade, mas ela disse que a diferença mais notável foi a forma como o modelo mudou a percepção dos soldados sobre suas habilidades: "Nós estamos mais rápidos, é claro, mas o maior impacto foi na confiança. Quando você vê que conquistou a confiança dos demais para liderar em suas esferas de influência, descobre que pode fazer coisas que nunca imaginou serem possíveis. Isso muda seu relacionamento *consigo mesmo*." Em nosso vocabulário menos especializado, vamos colocar assim: à medida que se explora maneiras de empoderar sua equipe, venha por conta velocidade, fique por conta dos colegas felizes e libertos.

TESTE DE CORAGEM: Prossiga quando estiver pronto para permitir que outras pessoas tomem decisões importantes.

Seja Ruim em Outra Coisa

Há uma regra permanente no setor de construção civil: é possível ter expectativa de, racionalmente, obter duas das três coisas a seguir: custo, qualidade e velocidade. Pode-se obter qualidade satisfatória com rapidez, mas vai custar mais. Pode-se obter algo construído de forma rápida e barata, mas a qualidade será prejudicada. Ou pode-se obter qualidade satisfatória por um preço competitivo, mas terá que esperar por isso. Isso também é conhecido como *triângulo impossível.*

Adoramos o triângulo impossível não apenas por causa do nosso gosto por formas de três pontas, mas porque é uma ilustração muito intuitiva dos trade-offs que possibilitam a velocidade (e dos trade-offs estratégicos em geral). Se você priorizará a velocidade, terá que despriorizar outra coisa. Ou seja, para liberar recursos e entregar uma velocidade excepcional, você precisará entregar menos em outra coisa (o truque é escolher essa "outra coisa" com sabedoria). Uma grande lição de nossa década de pesquisa sobre empresas de serviços — escrevemos um livro sobre ela — é que as organizações que resistem e tentam ser ótimas em tudo geralmente acabam em um estado de "mediocridade exausta".[14] Soa familiar?

Uma empresa que não resistiu foi a Southwest Airlines que, até recentemente, era uma exceção à regra de que as companhias aéreas devem perder dinheiro e deixar seus clientes ansiosos e tristes.[15] Em um esforço para se tornar a companhia aérea mais amada dos Estados Unidos, a Southwest entregou os melhores preços da categoria, escolhendo ser a pior em outros aspectos da experiência de voo. A velocidade estava no centro dessa estratégia. Por exemplo, ao negar aos passageiros algumas comodidades a bordo (refeições, assentos designados, uma ampla seleção de bebidas), a Southwest conseguiria taxiar os aviões mais rápido até o portão, o que significava que a companhia aérea ganhava em tempo de voo sem seus ativos aéreos caros que, por sua vez, significava que poderia cobrar preços mais baixos — o que seus clientes mais queriam.[16] A Southwest era ruim, assumidamente ruim, no serviço de ser ótima.

Esse tipo de decisão exige coragem, especialmente para quem é orientado a grandes feitos e não gosta de desapontar as pessoas. Herb Kelleher, icônico cofundador e CEO da Southwest, recebeu uma carta de reclamação de uma avó irritada, que estava descontente com a política da empresa de não transferir malas para outras companhias aéreas.[17] A carta pedia a decência básica de facilitar que ela visitasse seus netos sem o incômodo de arrastar sua bagagem de um terminal para o outro. Naquela época, parecia um pedido razoável.

Em resposta — uma história que compartilhou por toda parte —, Kelleher apontou que o modelo de negócios da Southwest não sobreviveria se ele revertesse essa política. Se sua equipe tivesse que fazer uma pausa em seus sprints para lidar com a complexidade e a incerteza de outra companhia aérea, a vantagem de velocidade (leia-se: custo) da Southwest desapareceria. Kelleher sentia muito, muito mesmo, mas não transferiria as malas desta senhora.

Nós amamos tanto essa história que a repetimos descaradamente em todos os livros que escrevemos, porque podemos imaginar o quão difícil deve ter sido dizer não a essa mulher. Deve ter sido doloroso, individual e organizacionalmente, negar a essa avó leal e simpática um serviço básico que todos os concorrentes implacáveis da empresa ofereciam. Mas em troca desse tipo de disciplina estratégica, a empresa de Kelleher conseguiu ser mais rápida do que qualquer outra companhia aérea na história.

O que nos traz de volta ao nosso *triângulo impossível*. Na prática, a ferramenta fortalece os relacionamentos porque permite uma discussão transparente sobre os trade-offs de ser rápido. Sim, podemos priorizar a velocidade, mas há que se abrir mão de outra coisa. Os clientes podem decidir *antes* do início do projeto se é um trade-off que querem fazer. Da mesma forma que Kelleher falou com a vovó sobre os termos do acordo da Southwest, os stakeholders podem tomar uma decisão clara sobre suas prioridades. A alternativa é fingir que você pode ser excelente em tudo e, no percurso, ir deixando a confiança escapar.

TESTE DE CORAGEM: Prossiga quando estiver disposto a aceitar sua realidade operacional: para se destacar na velocidade, você deve ser ruim em outra coisa.

Torne-se um Guerreiro da Cultura

Cada campanha de mudança bem-sucedida da qual tivemos o privilégio de fazer parte foi definida por uma consciência afiada do tempo como recurso precioso e perecível, o único recurso verdadeiramente não renovável do qual a organização dispunha. A própria campanha criava um impulso contagiante que amanhã seria — amanhã *tinha que ser* — melhor do que hoje. Essa cultura de urgência foi criada da maneira como a cultura sempre é criada, por líderes que se comprometeram com um conjunto compartilhado de crenças que, em seguida, embasaram as ações que tomaram.

A cultura explica *como as coisas são realmente feitas por aqui*. Diz-nos se devemos seguir as regras ou cortar caminho, se devemos compartilhar nosso conhecimento singular ou mantê-lo para nós mesmos (lembra-se de quarta-feira? Agora estamos adicionando *rapidez* à sua lista de atributos culturais definidores, além da *inclusão*), se devemos nos esforçar e tentar melhorar as coisas ou manter a cabeça baixa e conformar-se com o status quo. Qual é a importância de ser rápido? O que o chefe disse na última reunião de equipe nos dá alguma orientação, mas é a cultura que traz a resposta definitiva.

Ainda há desacordos sobre o que é mais importante: a estratégia — os trade-offs que você fez na seção anterior — ou a cultura da organização. Peter Drucker, o pensador da administração, supostamente disse que "a cultura come estratégia no café da manhã", provocando um debate sobre qual das duas é mais poderosa. Na prática, a cultura geralmente vence esse confronto, mas somente porque a estratégia raramente é articulada bem o suficiente para influenciar a tomada de decisões da maioria das pessoas na empresa. Seu trabalho na sexta-feira é tornar isso uma luta justa, fazendo as duas coisas bem, ser um líder estratégico que não se cala sobre a velocidade e seus inevitáveis trade-offs — e construir uma cultura organizacional que valoriza *rapidamente*.

Uma empresa que deve seu sucesso a essa cultura é a FedEx. Em 1973, a FedEx estava em situação crítica, a falência se aproximava, nada dava certo com rapidez suficiente.[18] Durante essa crise existencial, uma cliente da FedEx ligou em prantos porque seu vestido de casamento ainda não havia chegado, faltando menos de 24 horas para a cerimônia. Uma funcionária da linha de frente chamada Diane (tentamos, mas não conseguimos encontrar seu sobrenome) entrou em ação, localizou o vestido e fretou um pequeno Cessna para entregá-lo — tudo sem perder tempo crucial pedindo permissão a alguém. Essa história chamou atenção de alguns executivos convidados para o casamento. Então, eles decidiram arriscar contratando a incipiente e instável FedEx para transportar parte de seus produtos com prazos de entrega rigorosos. As demandas novas foram o suficiente para salvar a empresa.

Para ilustrar o poder da cultura, gostamos de contar e recontar essa bela história, leitores fiéis do *Unleashed*. A sequência de eventos que salvou a empresa só foi possível graças à forte e marcante cultura "sangue roxo" (cor principal do logotipo da empresa) construída pela FedEx, caracterizada por um ethos de "faça acontecer" e de desconsideração de hierarquia.[19] A contribuição de todos era valorizada. Todos os colaboradores tinham liberdade e responsabilidade para compartilhar seu conhecimento único. A escolha audaciosa de Diane foi a luz no final do túnel para a FedEx, e foi a *cultura* que a compeliu a agir.

Como ponto de partida para entender a extensão da possibilidade de mudança de cultura, gostamos do framework seminal de Edgar Schein, falecido teórico da gestão, que divide, de maneira geral, a cultura organizacional em artefatos, comportamentos e suposições básicas compartilhadas.[20] Como Schein argumenta, de forma persuasiva, para fazer as pessoas agirem da forma desejada, é necessário fazê-las *pensar* da forma desejada. Novamente, pergunte a si mesmo: "No que meus colegas inteligentes, talentosos e incríveis devem estar *pensando* para *agir* de maneiras que estão nos desacelerando?"

Se voltarmos à nossa lista desde o início do capítulo ("Dez Crenças que Atrapalham A Rapidez"), eles podem estar reagindo ao burnout generalizado na empresa ou tentando ser ótimos em tudo (abençoados sejam!) porque estão convencidos de que é o certo a fazer.* Simplesmente dizer a eles para ir mais rápido só dá certo até certo ponto, mesmo que você esteja no comando. A única chance de mudar o comportamento deles é influenciar suas crenças. No espírito de mostrar, não apenas falar, quais são os experimentos de terça-feira que você poderia executar para que eles refletissem e acelerassem o ritmo?

No restante deste capítulo, faremos sugestões, mas queremos deixar claro que este trabalho não é apenas para empresas que buscam competir *em* velocidade, como a Southwest e a FedEx, mas também para empresas que buscam competir *com* velocidade, que é o caso da maioria das pessoas que leem este livro. Para quem se enquadra nesta segunda categoria, a ferramenta mais poderosa para criar impulso é a cultura. Certa vez, Schein afirmou que "a única coisa de real importância que os líderes fazem é criar e gerenciar a cultura". Onde quer que você esteja na hierarquia, adicione cultura à sua descrição de trabalho na sexta-feira. Adicione silenciosamente um "c" de cultura ao seu título (ninguém precisa saber) e crie um ambiente construído com base na crença de que existe aquilo que chamamos de tarde demais.

---

* Ouvimos muito isso de pessoas que trabalham em setores com missão social, como saúde e educação, que afirmam que é sua obrigação ética pelo menos tentar ser excelentes em tudo o que fazem. Muitas vezes respondemos simplesmente perguntando: "Isso está dando certo para você?"

TESTE DE CORAGEM: Prossiga quando estiver pronto para assumir a responsabilidade de construir uma cultura de velocidade.

Faça Reuniões Melhores

Dave Barry, autor e colunista, brincou: "Se você tivesse que dizer, em uma palavra, a razão pela qual a raça humana não alcançou todo o seu potencial, e nunca alcançará, essa palavra seria 'reuniões'."[21] O que torna o comentário engraçado, como qualquer coisa engraçada, é que há um fundo de verdade nele. Agora estamos gastando um terço de nossas horas de trabalho em reuniões (três vezes mais do que há alguns anos), e grande parte desse tempo *é um porre.*[22] Um estudo descobriu que mais de dois terços dos trabalhadores relataram que reuniões excessivas os distraíam de "causar impacto no trabalho", que é presumivelmente o que todos nós estamos lá para fazer, e outro estimou que nos Estados Unidos, no Reino Unido, na Alemanha e na Suíça, reuniões inúteis estavam custando às empresas quase *meio trilhão de dólares* por ano.[23]

A resposta de muitos líderes foi simplesmente proibir essa substância tóxica (sem reuniões às sextas-feiras!), sem nem sequer tentar obter melhores resultados no que equivale a um comportamento organizacional essencial. Para iniciar nossos experimentos de velocidade e nos ajudar a melhorar nosso jogo de reuniões, convidamos Claire Hughes Johnson de volta à conversa (lembre-se da participação dela na terça-feira em nossa discussão sobre experimentos com pessoas inteligentes), já que ela é uma lenda da condução de reuniões.* Na lista breve de pontos fortes de liderança que explica o extraordinário histórico de Hughes Johnson, ela inclui "estrutura de reunião", além de itens menos surpreendentes, como metas e métricas claras.[24] Apesar da centralidade das reuniões em nossas vidas profissionais, nunca ouvimos outro líder sênior identificá-las como cruciais para seu sucesso. Quando perguntamos a Hughes Johnson sobre isso, ela disse:

* Em 2018, Hughes Johnson ministrou uma palestra informal sobre como realizar uma reunião eficaz de equipe, que viralizou imediatamente.

"Seu trabalho mais produtivo e de maior impacto é com outros humanos em tempo real... isso é chamado de reunião."[25]

O principal conselho de Hughes Johnson é investir na preparação. Antes de ter a audácia de reunir pessoas, tenha respostas para estas perguntas-chave: *Por que estamos nos reunindo? Quais são os nossos objetivos? Quem precisa estar lá para atingi-los? Como vamos passar esse tempo juntos?* Distribua materiais previamente, de modo que todos tenham uma noção de como contribuir de forma eficaz; algumas pessoas precisam disso mais do que outras. "Extrovertidos falam para pensar", explicou Hughes Johnson. "Introvertidos pensam em falar."[26] Sempre crie uma pauta que sinalize para onde você está indo e mantenha todos no caminho certo. Annette Catino, fundadora e ex-executiva-chefe da QualCare Alliance Networks, é uma das muitas executivas que não se reúnem sem uma: "Se eu não tenho uma pauta, eu saio... se eu não sei por que estamos na reunião, e você não sabe por que estamos lá, então não há razão para uma reunião."[27]

Assim que a reunião começar, considere compartilhar o desafio de gerenciar a reunião com outras pessoas na sala. Na Stripe, Hughes Johnson muitas vezes dava poderes a um redator de ata e, às vezes, um facilitador — particularmente nas reuniões mais importantes —, para ajudá-la a promover o engajamento total na sala. Se alguém na reunião estivesse hesitante ou parecesse relutante em participar, o facilitador tinha o poder de retardar a discussão e convidar habilmente novas vozes. Priya Parker, autora e especialista em reuniões vai ainda mais longe, sugerindo que se atribuam papéis e até títulos lúdicos a *qualquer pessoa* que possa ajudá-lo a atingir seus objetivos, desde um "Decano da Água" até um "cargo especial de tecido conjuntivo" para construtores de cultura que podem ajudá-lo a criar senso de comunidade.[28] Outra tática que usamos é desafiar *todos* na sala a indexar a empatia e estar preparados para coproduzir um bom resultado, mesmo que não seja uma reunião "deles".

Essas abordagens também podem ajudá-lo a obter informações exclusivas de seus colegas coletores, um objetivo central de inclusão — e de uma boa gestão de reuniões. Conforme exploramos em nossa discussão sobre reuniões inclusivas na quarta-feira, descubra o que acontece quando você usa nosso prompt favorito: "Alguém pode *articular* um ponto de vista diferente?" que é uma variante menos arriscada de "Quem *tem* um ponto de vista diferente?" Isso também o ajudará a ter contato com pensamentos divergentes — uma exploração saudável de diferentes ideias e opções — antes de convergir muito rapidamente para uma solução não ideal. Em nossa experiência, a convergência rápida normalmente leva a *uma falsa ótima* (também conhecida como *não é nossa melhor ideia)* e a uma menor probabilidade de as pessoas estarem dispostas a interromper a reunião e dar uma nova ideia, mesmo que seja melhor.

Por fim, finalize com precisão. Antes de encerrar a reunião, resuma as decisões-chave e os itens de ação. Certifique-se de que todos saibam pelo que são responsáveis e os prazos que precisam cumprir. Hughes Johnson gosta de usar um "check-out" no final das reuniões — uma rápida solicitação para reforçar compromissos e avaliar a experiência do grupo. Duas abordagens que ela utiliza regularmente são "compartilhe uma coisa à qual você se comprometerá após esta reunião" e "use uma ou duas palavras para descrever o que está pensando enquanto encerramos esta reunião — pode ser um sentimento, uma ideia, um tema o qual você gostaria de debater mais".

Assim como todas as nossas orientações, incentivamos que você entre na caixa de areia organizacional e experimente novas abordagens. Você está se reunindo para criar ideias ou para executar? Aprender com o que acabou de acontecer ou se preparar para o que está por vir? Adapte a estrutura, estilo e ritmo da sua reunião de acordo com seus objetivos, seja para gerar opções criativas ou para alinhar todos na mesma página operacional. Por exemplo, use o conjunto de ferramentas de desenvolvimento de software ágil e se reúna brevemente uma vez por dia para eliminar obstáculos ao progresso (os verdadeiros fiéis fazem isso de pé para promover eficiência, daí o termo técnico "stand-up")... ou não faça isso se não fizer sentido para o que está tentando alcançar coletivamente. A única regra verdadeiramente universal é que, se você estiver se reunindo pessoalmente por um período significativo de tempo, precisará alimentar as pessoas com comida de verdade, e é por isso que pedimos que você prepare e leve bons lanches hoje.

O ponto, resumidamente, é gastar tempo se preparando antes de reunir qualquer pessoa para fazer *qualquer coisa.* Em seu best-seller dedicado à arte perdida de se reunir, Parker escreve que, "quando não examinamos as suposições mais profundas por trás do porquê nos reunimos, acabamos... replicando formatos antigos e entediantes de reuniões. E deixamos de lado a possibilidade de criar algo memorável, até transformador". O que aconteceria se você buscasse criar algo memorável, até mesmo *transformador*, na próxima vez que convocasse uma reunião?

Com um esforço relativamente mínimo, vimos empresas passarem de reuniões de sessenta minutos para trinta minutos, de trinta minutos para vinte minutos, usando o nosso perfil de intervenção preferido: sem pessoas novas, sem tecnologia nova, apenas uma boa dose de esforço deliberado e treinamento. De fato, é a maneira mais simples de aumentar a velocidade em uma organização. Se não for fazer nada além, conduza reuniões melhores.

TESTE DE CORAGEM: Prossiga quando se comprometer a trazer mais vontade às reuniões.

Reduza o Trabalho em Andamento

Antes de prosseguirmos, Frances gostaria que fizéssemos uma pausa e "lembrássemos" aos leitores da Lei de Little, seu princípio de operações favorito*: se quiser aumentar a velocidade de sua equipe ou organização, não se concentre apenas na rapidez, também preste atenção em quantas coisas está tentando fazer. Na verdade, quando se trata de acelerar o ritmo, o tamanho da sua lista coletiva de tarefas não apenas importa (agora vem a surpresa), *importa tanto* quanto a rapidez com que está completando-a.

Em sua pesquisa revolucionária sobre teoria de filas na década de 1950, John Little, o lendário professor de operações, descobriu que o tempo de início ao fim de um item em um sistema (por exemplo, uma pessoa esperando em uma fila) é igual ao número de itens (podemos apenas chamá-los de pessoas?) na fila e o tempo necessário para completar cada item (pagar pelas suas coisas e ir embora).[30] Por exemplo, se você entrar na fila da Starbucks e houver três pessoas na sua frente, e levar dois minutos para o barista anotar um pedido de Frappuccino e passar um cartão de crédito, então você passará oito minutos na fila: quatro pessoas multiplicadas por dois minutos por pessoa para fazer o check-out.

Quando escrevemos isso como uma equação, fica assim:

Tempo de início ao fim = Trabalho em andamento × Tempo de ciclo

Refletindo sobre essa equação, e é claro que estamos fazendo isso, podemos ver que existem duas maneiras de melhorar o tempo do início ao fim.

---

* Você pode notar uma ligeira mudança na voz autoral nesta seção.

Podemos reduzir o trabalho em andamento (na sigla em inglês, WIP) ou acelerar o tempo do ciclo. A maioria de nós instintivamente tenta acelerar o tempo de ciclo pedindo às pessoas que trabalhem mais e mais rápido. Mas essa abordagem ignora o poder de reduzir o WIP, também conhecido como trabalhar de *forma mais inteligente*.

Quando estava transformando a empresa, Josh Silverman, CEO da Etsy, concluiu que muitos projetos estavam "sufocando" a organização. Embora a Etsy tivesse uma equipe de menos de mil pessoas, a equipe estava trabalhando em mais de oitocentos projetos de desenvolvimento de negócios. Silverman e sua equipe eliminaram metade dessas iniciativas, aplicando a Lei de Little às atividades de toda a organização. Eles ganharam velocidade crítica ao assumir um compromisso de nível organizacional para trabalhar de forma mais inteligente.[31]

Aqui está o ponto crucial desta parte da história, que prometemos concluir em breve. O WIP geralmente é uma variável muito maior do que o tempo de ciclo, além de ser operacionalmente mais fácil de reduzir na maioria dos sistemas. Se seu objetivo é acelerar um processo de check-out, por exemplo, reduzir o número de pessoas na fila é mais inteligente do que tentar economizar segundos na experiência de pagamento. De acordo com os cálculos inovadores do Professor Little, você ganhará muito mais velocidade criando uma segunda fila de check-out do que pedindo para seus caixas se apressarem.

Isso pode ficar melhor? Leitores, a resposta é sim. Eliminar o WIP também é muitas vezes um esforço único. Enquanto a Etsy resistir ao aumento da missão de novos projetos — uma disciplina que provavelmente terá sob a supervisão de Silverman —, a empresa conseguirá manter sua nova velocidade. Sua própria caixa de entrada é um bom análogo. Para melhorar o tempo de resposta do seu e-mail, não aprenda a digitar mais rápido; limpe o backlog de uma vez por todas. Trabalhe com mais inteligência para trabalhar menos. E, em seguida, execute urgentemente seu Plano Muito Bom, reduzindo a quantidade de *outras* coisas que estão sendo feitas hoje.

TESTE DE CORAGEM: Prossiga quando estiver pronto para reduzir a quantidade de trabalho em andamento, que agora você pode chamar tranquilamente de "WIP".

Crie uma Maneira de Acelerar os Projetos

Depois de acolher a magia transformadora da Lei de Little, o próximo passo de Silverman na Etsy foi acelerar os projetos mais importantes da empresa. Muitos deles eram simples correções de produtos com a melhor chance de aumentar as vendas rapidamente. Por exemplo, muitos compradores da Etsy estavam nervosos ao usar seus cartões de crédito com fornecedores pequenos e desconhecidos em quem ainda não confiavam, então a empresa priorizou adicionar uma mensagem ao site: "O vendedor nunca vê as informações do seu cartão de crédito."[32] Silverman chamou essas correções de *ambulâncias* e concentrou a equipe na implementação delas em dias e semanas, em vez de meses.[33] Suas ambulâncias valeram a pena, com um aumento quase imediato nas receitas.[34]

Ambulância é uma metáfora desagradável, mas é direta e tem uma linguagem brutalmente memorável. Empurre as tarefas menos essenciais para o acostamento a fim de abrir caminho para as que mais importam. Muitas das organizações na Excelência Acelerada que estudamos desenvolveram dispositivos semelhantes a ambulâncias para facilitar esse tipo de priorização (na Stripe, esses projetos eram chamados de "Código Amarelo"), uma abordagem que pode ser aplicada a qualquer problema, não apenas a correções de produtos — e a organizações de todas as formas, tamanhos e graus de burocracia arraigada.

Nossos colegas Amy Edmondson e Ranjay Gulati têm estudado como as grandes empresas podem adotar os valores do desenvolvimento ágil de software, que argumentamos ser uma metodologia projetada fundamentalmente para ser rápida e consertar as coisas.[35] Os princípios da metodologia ágil enfatizam a prototipagem rápida, a adaptação rápida e o diálogo contínuo e empoderado entre os stakeholders. Uma descoberta no trabalho de Edmondson e Gulati é que, embora o escritório tenha seu lugar (e muitas vezes acabe tendo uma má reputação), mesmo empresas grandes e estabelecidas precisam contorná-lo parte do tempo em busca de velocidade, flexibilidade e inovação. Nessas circunstâncias, pode ser útil usar o que eles chamam de "hacks de agilidade".[36]

Como as ambulâncias de Silverman, os hacks de agilidade permitem que você ultrapasse o resto do seu WIP e qualquer outra coisa no caminho do seu objetivo. Para muitas organizações, particularmente empresas em estágio avançado, os hacks de agilidade têm o benefício adicional de não interromper o que quer que a organização esteja fazendo. Você simplesmente trafega no entorno. Edmondson e Gulati compartilham exemplos maravilhosos, e nós encorajamos você a ler o trabalho deles diretamente para ter ideias e inspiração.[37]

Um dos nossos hacks de agilidade favoritos que eles descrevem ocorreu quando a Novartis, gigante farmacêutica global, decidiu *contornar* (olha essa palavra aí de novo) seus processos de P&D, lançando um concurso de inovação de alto perfil e ritmo acelerado chamado Project Genesis. A competição convidou equipes interdisciplinares com o intuito de apresentar ideias para projetos moonshot em um painel dos principais cientistas da empresa. A equipe vencedora recebeu espaço de laboratório, financiamento e dezoito meses para desenvolver ainda mais suas ideias. No final desse período, as equipes que estavam progredindo bem se juntaram a um dos programas de P&D existentes da Novartis.[38]

Um dos vencedores do concurso comentou: "Estou surpreso com o quanto o Genesis acelera as coisas. Conseguimos obter espaço e equipamentos de laboratório de primeira linha em apenas algumas semanas" — um cronograma notável para a Big Biotech.[39] Adoramos esse comentário, em parte, por causa desse detalhe operacional aparentemente simples, a forma como o concurso criou um mercado melhor e mais eficiente para o *espaço corporativo*. Faz sentido para uma empresa como a Novartis alocar rapidamente recursos para tecnologias e tratamentos potencialmente transformadores — e, no entanto, sem uma maneira de acelerar os projetos, qualquer organização pode levar um tempo excessivo para conseguir isso.

TESTE DE CORAGEM: Prossiga quando estiver curioso sobre a criação de um mecanismo para acelerar as prioridades de alto impacto.

Encare o Conflito

À medida que encerramos a semana, queremos acabar com o último obstáculo que, muitas vezes, está oculto: como sua organização lida com conflitos. Em um estudo recente, Francesca Gino, nossa colega, descobriu que quase 60% dos entrevistados descreveram as discordâncias no trabalho como "moderadamente, muito ou extremamente desagradáveis". Mais de um terço disse que preferia evitá-las e ainda achava que elas eram "destrutivas para seus relacionamentos profissionais e sua produtividade".[40] A nosso ver, um relacionamento destreinado com o conflito está entre os principais empecilhos para a Excelência Acelerada. Ele drena energia, corrói a confiança e desacelera tudo.

Outra maneira de pensar sobre isso é que muitas alavancas de velocidade — incluindo muitos dos itens em sua agenda hoje — exigem que você se envolva produtivamente com conflitos. *Alguém* inevitavelmente se sentirá incomodado quando você optar por ter um desempenho abaixo do esperado na área de expertise deles ou ao passar rapidamente por um dos projetos queridos por eles, que você está tratando agora como um trabalho em andamento não essencial. Quando gerencia indevidamente conflitos como esses, você acaba, sem intenção, acionando os freios da organização. Você desvia recursos de suas prioridades mais urgentes e aumenta a probabilidade de futuras correções e retrabalhos. Um CEO que aconselhamos admitiu ter comprado uma empresa apenas para evitar um confronto direto com seu CFO. Ouvimos histórias como essa o tempo todo, e o custo para as organizações é impressionante.

A acumulação de questões não discutidas e não resolvidas é um fenômeno que Liane Davey, especialista em eficácia de equipes, chama de "dívida de conflito".[41] Gostamos desse termo porque descreve o ônus da evasão do conflito e reforça a ideia de que é possível resolvê-lo. Assim como a dívida técnica, a dívida de conflito é um problema de nível organizacional que pode ser resolvido com foco capacitado e intencional.

Existem muitos recursos fantásticos disponíveis para ajudá-lo a reduzir a dívida de conflito e gerenciar atritos interpessoais de forma mais eficaz. *Crucial Conversations*, livro que, agora, está em sua terceira edição, prepara os leitores para o sucesso em discussões onde "(1) os riscos são altos, (2) as opiniões variam e (3) as emoções são intensas", um conjunto que descreve suas decisões mais importantes no trabalho.[42] O livro *Radical Candor*, de Kim Scott, baseia-se nesses conceitos e nos mostra como fornecer feedback difícil — um tipo específico de conversa crucial — que constrói confiança e realmente ajuda as pessoas a melhorarem.[43] Chris Argyris lançou as bases com sua pesquisa sobre organizações que aprendem e o valor de "discutir o indiscutível", uma frase na qual pensamos pelo menos uma vez por dia em nosso trabalho.[44]

Sabemos que alguns de vocês estão se sentindo desconfortáveis só de *pensar* em conflito. Se seu coração está começando a acelerar, coloque alguma música relaxante e use esses recursos para criar um plano rigoroso de melhoria pessoal. Em nossa experiência de orientar líderes avessos ao conflito, a leitura sobre respostas saudáveis a essa questão no trabalho pode ser uma espécie de terapia de exposição de baixo risco, possibilitando visualizar todas as partes, saindo ganhando no final, mesmo quando há desconforto significativo ao longo do caminho. A prática também é um bom lembrete de que a gestão de conflitos é um comportamento *aprendido*. O primeiro passo é reconhecê-la como uma habilidade essencial de liderança, uma que precisamos desenvolver como qualquer outra — e também cultivar em nossos colegas.

Quando novos funcionários começam a trabalhar na Intel, o treinamento de integração inclui aprender sobre diferentes ferramentas de gestão de conflitos. O treinamento estabelece a expectativa de que o conflito é uma parte normal da colaboração, ao mesmo tempo em que oferece às pessoas uma linguagem comum para discuti-lo e resolvê-lo.[45] A L'Oréal oferece aos funcionários um programa chamado Managing Confrontation [Gerenciando o Confronto], que ensina aos participantes como discordar habilmente em uma reunião (o local em que seu trabalho mais produtivo e de maior impacto acontece). Entre outros benefícios, o programa ajudou a gigante global de cosméticos a lidar com normas de conflito que podem divergir significativamente entre diferentes culturas e mercados.[46]

Já ouvimos uma líder sênior, uma mulher prosperando no ápice da competitiva indústria de private equity, descrever a habilidade de gerenciar conflitos como "conforto diante do torneio". A metáfora esportiva funciona para nós, em parte, por causa da palavra *torneio*. Os compostos químicos que o conflito libera em nossa corrente sanguínea — muitas vezes um coquetel potente de cortisol e testosterona — nos levam a acreditar que os riscos são altos, mas geralmente estamos interpretando mal a situação. Este é o ponto que Matt Trombley, veterano do setor bancário, destaca em seu trabalho sobre "agonismo", que ele define como adotar uma postura belicosa em situações que não requerem isso.[47] Ter leveza ao montar para a justa pode te levar longe.

Hoje, queremos que você rejeite o agonismo e invoque o espírito de um Festival da Renascença discreto e de baixo risco — o passeio perfeito para uma tarde de sexta-feira — e considere reformular o conflito em sua organização *como uma coisa não tão ruim.** Pesquisas convincentes constataram que alguns tipos de conflito podem realmente ajudar as pessoas a permanecerem engajadas em seus trabalhos e usarem todo o escopo de sua inteligência.[48] Em um estudo longitudinal, pesquisadores descobriram que equipes de alto desempenho muitas vezes tinham altos níveis de desacordo sobre como fazer seu trabalho.[49]

O conflito também é um ingrediente essencial na inovação, como Linda Hill, nossa colega, evidenciou. Hill apresentou ao mundo o gracioso conceito de "abrasão criativa", o processo pelo qual as soluções potenciais são criadas, exploradas e modificadas por meio de debates e desacordos saudáveis. Hill argumenta que a excelência *requer* conflito verdadeiro entre diferentes ideias e abordagens. Como Jim Morris, presidente da Pixar Animation Studios, disse a Hill: "Se você não tiver nenhum conflito, terá algo bastante mediano."[50]

A pesquisa mais encorajadora que vimos vem da mesa de Amanda Ripley, especialista em conflitos e redatora de opinião. Em um artigo recente sobre bolsões inesperados de produtividade no Congresso dos EUA, um lugar onde muitas vezes parece que o ritmo virou uma *marcha à ré*, Ripley contou a história do rápido progresso feito pelo Comitê Seleto para a Modernização do Congresso.[51] Apesar de seu design configurado para dar errado (seis republicanos, seis democratas) e dos requisitos de votação cumulativos (uma supermaioria dos votos dos membros era necessária para fazer qualquer coisa), o comitê se tornou uma das entidades mais funcionais no Congresso, criando o que um repórter do *Roll Call* chamou de "universo congressional paralelo".[52]

Para alcançar esse resultado inesperado, o presidente do comitê, o representante Derek Kilmer (D-Wash.) fez coisas não convencionais, como organizar um retiro bipartidário — um movimento quase inédito — e montar uma equipe compartilhada para apoiar o trabalho do comitê, em vez de duas equipes partidárias menores. Ele *conduziu reuniões melhores* usando formatos de mesas redondas para reuniões de comitês e fez democratas e republicanos se sentarem um ao lado do outro. Ele encorajou o comitê a

* Gostaríamos de nos retratar formalmente de quaisquer comentários feitos anteriormente dizendo que participar de um Festival Renascentista era a "visão do inferno".

discutir o indiscutível, incluindo o que cada membro havia vivenciado na invasão ao Capitólio em 6 de janeiro, tanto o sofrimento pessoal quanto as visões totalmente diferentes dos horrores do dia dos pontos de vista republicano e democrata. O progresso foi possível porque Kilmer trabalhou *com* conflitos e não em *torno* deles, realizando inúmeras experiências sobre como abordar a liderança do comitê de uma nova maneira. William Timmons (representante da Carolina do Sul.), vice-presidente do comitê, resumiu da seguinte forma: "Nós passamos um tempo juntos e conversamos sobre as coisas." A recompensa foi uma equipe que foi mais rápida e consertou mais coisas do que qualquer outro comitê no Congresso.[53]

A última coisa tática que queremos que você faça esta semana é passar um tempo com seus colegas e falar sobre as coisas, particularmente aqueles com quem você discorda. Até o final do dia, seu Plano Ainda Melhor terá a chance de se tornar um Grande Plano.

TESTE DE CORAGEM: Prossiga quando estiver pronto para ir o mais rápido possível.

CONCLUSÃO

TIRE O FIM DE SEMANA DE FOLGA

Parabéns! Se você seguiu intrepidamente nossa agenda de cinco dias ou personalizou o cronograma de acordo com suas necessidades, acabou de fazer algo difícil e ambicioso.

Você mudou a *maneira como as coisas são feitas por aqui*. Recusou-se a deixar o passado ditar o futuro. A única tarefa agora é descansar e se recuperar (daqui a pouco, falaremos mais sobre isso). Tome outra bebida de adulto enquanto encerramos as coisas.

No início desta aventura, prometemos que, se você seguisse nosso manual, agora teria um roteiro para a Excelência Acelerada e estaria rumo a seus objetivos em uma velocidade incrível. Então, como nos saímos? Você ouviu o chamado da estrada, ou ainda é difícil passar da curva seguinte? Antes de responder, vamos fazer uma rápida revisão do que você conquistou esta semana:

Na *segunda-feira*, você identificou seu problema real. Fez perguntas difíceis, construiu uma equipe de solucionadores de problemas e encontrou um grande obstáculo para o progresso. Coletou novos dados e ouviu *verdadeiramente*, com a curiosidade de um antropólogo e a responsabilidade de um líder.

Na *terça-feira*, você priorizou a confiança. Com a convicção de que estava resolvendo o problema certo, realizou experimentos inteligentes sobre como estabilizar as *oscilações* de confiança da sua empresa e fortaleceu seus relacionamentos com os principais stakeholders. Entrou na sua caixa de areia organizacional e *brincou*.

Na *quarta-feira*, você fez novos amigos. Criou as condições para que outras pessoas prosperassem, não apesar de suas diferenças como seres humanos complexos e multidimensionais, mas precisamente *por causa* dessas diferenças. Elaborou um plano de mudança melhor — e uma equipe melhor — ao incluir perspectivas cada vez mais variadas.

Na *quinta-feira*, você contou uma boa história. Honrou o passado (tanto as coisas boas quanto as não tão boas), articulou uma gestão de mudança convincente e descreveu um caminho rigoroso e otimista a seguir. Contou sua história repetidamente, e colocou suas emoções para trabalhar.

Na *sexta-feira*, você foi o mais rápido que pôde. Liderou a mudança com um senso de urgência, empoderando os outros a executar rapidamente — e com um risco reduzido de quebrar as coisas. Ousou ser ruim em algo, tornou-se um guerreiro de cultura e decidiu que *existe aquilo que chamamos de tarde demais.*

Gostaria de ter demorado mais ou feito menos? Volte um pouco e pense em que ponto do mapa de CONSERTO (Figura C-1) você havia postado sua organização no início da semana. Agora compare essa avaliação com a espaço que ela ocupa agora. Você foi mais rápido que o ritmo usual da sua empresa? Se sim, em que medida? Quanto a mais você conseguiu realizar?

FIGURA C-1

mapa de CONSERTO

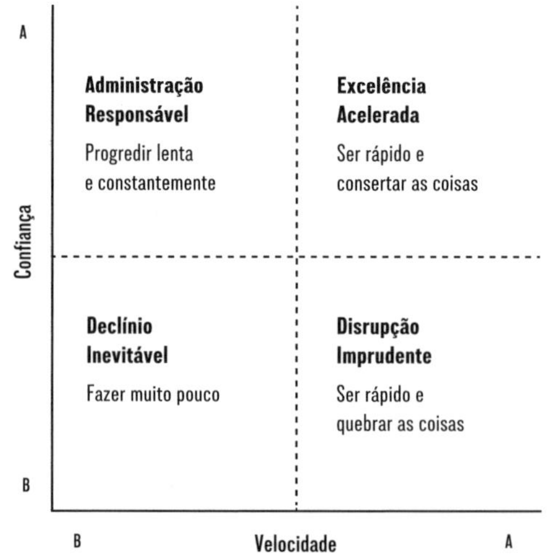

O mais importante, o que aconteceu depois? Quais destinos se tornaram visíveis, parecendo inalcançáveis mesmo uma "semana" atrás? Nós nos importamos muito com confiança e velocidade, no entanto, para nós o que mais importa é qualquer mudança que você busque liderar dentro da sua organização — e, para alguns de vocês, bem além dela. Com todos os nossos quadrantes, formas e mostradores, o que realmente estamos tentando mensurar é a possibilidade. A mudança parecia mais possível na sexta-feira à tarde do que na segunda-feira de manhã? Se sim, então esta semana foi um grande sucesso.

Viajantes, sua tarefa agora é descansar. Para aqueles que relutam em relaxar, vamos indicar Jim Loehr e Tony Schwartz, especialistas em desempenho máximo, que há décadas têm se dedicado a incentivar pessoas de desempenho alto a fazer pausas para descansar. Em seu trabalho estudando atletas de elite, Loehr e Schwartz determinaram que "o verdadeiro inimigo do alto desempenho não é o estresse... o problema é a ausência de recuperação disciplinada intermitente".[1]

A principal lição que tiramos de seu insight inovador é a importância de combinar alto esforço com renovação profunda — sprint com recuperação — o que também é importante para o corpo *organizacional.* A versão expandida do nosso manual, então, é ser rápido, consertar as coisas e descansar. Inicie o ciclo novamente depois de recuperar as forças. Essa é uma das razões pelas quais gostamos de usar a semana como uma estrutura metafórica para a liderança da mudança. Uma semana útil, como se sabe, é sempre seguida pelo fim de semana.

Como saber a hora de fazer uma pausa? Loehr e Schwartz lhe dirão para planejar isso, para encaixar a recuperação em sua agenda com o mesmo rigor com que projetou e executou seu plano de mudança. Arianna Huffington, nossa amiga, pedirá que você não espere por uma crise.[2] Tricia Hersey, do Nap Ministry, fará com que descanse onde puder, principalmente se ainda não tiver controle total sobre seu tempo.[3] Para rememorar nosso compromisso com o descanso, muitas vezes invocamos Mary Oliver e sua pergunta penetrante: "Escute, você não tem tempo nem para respirar direito e chama isso de vida?"[4]

Agora vamos fazer o modelo do bom comportamento e deixar você continuar com seu fim de semana. E sempre que estiver pronto para recomeçar — sempre que estiver pronto para entrar na manhã de segunda-feira — lembre-se disto: há alguma relação oscilante no âmago do seu problema. Descubra o que acontece quando você é rápido para consertá-lo e decida que o momento mais importante é *agora.*

GLOSSÁRIO

Administração Responsável *s*: a prática de progredir lenta e continuamente.

Amor *s*: estabelecer altos padrões e, simultaneamente, revelar devoção profunda.

Âncora *s*: um pilar estável de confiança, seja autenticidade, empatia ou lógica.

Capaz *adj*: a capacidade de atender às necessidades do cliente.

Confiança da manhã de terça-feira *s*: a convicção como líder de que você consegue distinguir claramente atividade e impacto.

Confiança *s*: a disposição de acreditar verdadeiramente nas palavras e/ou ações de uma pessoa, equipe ou organização.

Controle *adj*: a capacidade de produzir resultados consistentes.

Coprodução *s*: quando dois ou mais grupos de pessoas participam da produção; nos serviços, funcionários e clientes estão envolvidos nela. Na manufatura, por outro lado, apenas os funcionários produzem mercadorias.

Dados de domingo à noite *s*: dados organizacionais existentes e prévios a análises adicionais.

Declínio Inevitável *s*: a prática de fazer muito pouco.

DEI *s*: a prática formal de promover a diversidade, equidade e inclusão dentro de uma organização.

Devoção *s*: compromisso pleno e sem remorso com o sucesso de outra pessoa.

Disrupção Imprudente *s*: a prática de ser rápido e quebrar as coisas.

Espírito lésbico de atitude *s*: a energia e confiança para melhorar as coisas.

Excelência Acelerada *s*: a prática de ser rápido e consertar as coisas.

Falha inteligente *s*: uma tentativa malsucedida de alcançar algo.

Ganhar de lavada *v*: competir e vencer por completo.

Guerreiro de cultura *s*: alguém que encara sem medo sua cultura organizacional e sabe que pode mudá-la.

Inclusômetro *s*: a experiência progressiva de um indivíduo no local de trabalho — estar em uma escala que vai de segurança à proteção.

Incrível *adj*: excepcionalmente positivo e/ou capaz.

Liderança *s*: a prática de capacitar e empoderar os demais, tanto na sua presença quanto na sua ausência; também criando as condições para que outras pessoas prosperem (coloquial).

Lista de indignidades *s*: um resumo dos obstáculos ao desempenho dos funcionários que parecem pequenos, mas que, coletivamente, minam a realização, o engajamento e a dignidade dos seus colegas.

Oscilação *s*: uma base instável de confiança, seja em autenticidade, empatia ou lógica.

Perguntas da manhã de segunda-feira *s*: estímulos de conversação que ajudam a superar barreiras ao desempenho organizacional.

Pertencimento *s*: a experiência de se sentir autenticamente conectado a uma equipe e/ou organização; substituto para inclusão.

Plano Ainda Melhor *s*: iterações conscientes e subsequentes de um Plano Bom o Bastante.

Plano Bom o Bastante *s*: uma coletânea de projetos-piloto que obtém confiança e velocidade simultaneamente, precursora de um Plano Ainda Melhor.

Plano Muito Bom *s*: iterações intencionais e subsequentes de um Plano Ainda Melhor.

Problema *s*: uma barreira significativa ao progresso organizacional; também pode ser descrito como uma *questão* ou (menos intuitivamente) uma *oportunidade*.

Urgência *s*: foco seletivo que permite uma ação rápida e estratégica.

NOTAS

INTRODUÇÃO

1. Frances Frei e Anne Morriss, *Unleashed: The Unapologetic Leader's Guide to Empowering Everyone Around You* (Boston: Harvard Business Review Press, 2020).

2. Facebook, Formulário S-1 (protocolado em 1º de fevereiro de 2012), via SEC, https://www.sec.gov/Archives/edgar/data/1326801/000119312512034517/d287954ds1.htm.

CAPÍTULO 1

1. Francesca Gino, *Rebel Talent: Why It Pays to Break the Rules at Work and Life* (Nova York: Dey Street Books, 2018).

2. "Hershey CEO Michele Buck on Empowering Internal Change Agents", entrevista de Adi Ignatius, artigo digital da *Harvard Business Review*, 19 de abril de 2022, https://hbr.org/2022/04/hershey-ceo-michele-buck-on-empowering-internal-change-agents.

3. *Idem*.

4. Rob Reed, "The Kat Cole Story: Unlikely Success at the Intersection of Hooters and Cinnabon", *Forbes*, 26 de agosto de 2020, https://www.forbes.com/sites/robreed/2020/08/26/the-kat-cole-story-unlikely-success-at-the-intersection-of-hooters-and-cinnabon/.

5. Entrevista com Christine Keung, 10 de março de 2023.

6. Entrevista com A. J. Hubbard, 10 de fevereiro de 2022.

7. Um presente das últimas décadas de estudos de estratégia é que uma série de excelentes frameworks para gerar insights sobre a posição estratégica da sua empresa agora é facilmente acessível em domínio público. Nossos favoritos incluem *mapas de atributos* e *análise de retenção de valor*, com outras ideias desenvolvidas por Felix Oberholzer-Gee, nosso colega e autor de *Better, Simpler Strategy* (Boston: Harvard Business Review Press, 2021).

8. Joly contou a história completa, com outros grandes conselhos de liderança, em seu excelente livro, *The Heart of Business: Leadership Principles for the Next Era of Capitalism* (Boston: Harvard Business Review Press, 2021).

9. Michael S. Hopkins, "Scott Cook, Intuit because He Learns, and Teaches", *Inc.*, 6 de fevereiro de 2020, https://www.inc.com/magazine/20040401/25cook.html.

10. Geoff Colvin, "How Intuit Reinvents Itself", *Fortune*, 1º Nov. 2017, https://fortune.com/2017/10/20/how-intuit-reinvents-itself/.

11. Yuki Nogushi, "Health Workers Know What Good Care Is. Pandemic Burnout Is Getting in the Way", NPR, 2 de outubro de 2017, https://www.npr.org/sections/healt-shots/2021/10/02/1039312524/health-workers-know-what-good-care-is-pandemic-burnout-is-getting-in-the-way.

CAPÍTULO 2

1. David Foster Wallace, *This Is Water: Some Thoughts, Delivered on a Significant Occasion, about Living a Compassionate Life* (Nova York: Little, Brown, 2009), p. 117.

2. Amy C. Edmondson e Hanna Rodriguez-Farrar, "The Electric Maze Exercise", Harvard Business School Exercise 604-046, outubro de 2003 (rev. janeiro de 2004).

3. Para uma explicação brilhante do que é fracasso inteligente, ver Amy C. Edmondson, *Right Kind of Wrong: The Science of Failing Well* (Nova York: Atria Books, 2023).

4. Jake Gibson, "Celebrating Failure: How to Make a Hit out of Misses", *Entrepreneur*, 19 de março de 2014, https://www.entrepreneur.com/growing-a-business/celebrating-failure-how-to-make-a-hit-out-of-misses/232323.

5. Gibson, "Celebrating Failure".

6. Michael Schrage, *The Innovator's Hypothesis: How Cheap Experiments Are Worth More Than Good Ideas* (Cambridge, MA: MIT Press, 2014), p. 60.

7. Frances Frei e Anne Morriss, *Unleashed: The Unapologetic Leader's Guide to Empowering Everyone Around You* (Boston: Harvard Business Review Press, 2020).

8. Leslie Hook, "Can Uber Ever Make Money?", Uber Technologies, *Financial Times*, 22 de junho de 2017, https://www.ft.com/content/09278d4e-579a-11e7-80b6-9bfa4c1f83d2.

9. Sheelah Kolhatkar, "At Uber, a New CEO Shifts Gears", *New Yorker*, 30 de março de 2018, https://www.newyorker.com/magazine/2018/04/09/at-uber-a-new-ceo-shifts-gears; Dara Khosrowshahi, "A New Future for Uber and Grab in Southeast Asia", Uber Newsroom, 26 de março de 2018, https://www.uber.com/newsroom/uber-grab/.

10. Mike Ettore, "Why Most New Executives Fail—and Four Things Companies Can Do About It", *Forbes*, 13 de março de 2020, https://www.forbes.com/sites/forbescoachescouncil/2020/03/13/why-most-new-executives-fail-and-four-things-companies-can-do-about-it/.

11. Jeff Feng, Erin Coffman e Elena Grewal, "How Airbnb Democratizes Data Science with Data University", *Medium*, 24 de maio de 2017, https://medium.com/airbnb-engineering/how-airbnb-democratizes-data-science-with-data-university-3eccc71e073a.

12. Alessandro Di Fiore, "Why AI Will Shift Decision Making from the C-Suite to the Front Line", *Harvard Business Review*, 3 de agosto de 2018, https://hbr.org/2018/08/why-ai-will-shift-decision-making-from-the-c-suite-to-the-frontline.

13. Stuart Dredge, "Steve Jobs Resisted Third-Party Apps on iPhone, Biography Reveals", *Guardian*, 24 de outubro de 2011, https://www.theguardian.com/technology/appsblog/2011/oct/24/steve-jobs-apps-iphone; "The App Store Turns 10", release de imprensa, site da Apple, 5 jul. 2018, https://www.apple.com/newsroom/2018/07/app-store-turns-10/.

14. Frances Frei e Anne Morriss, *Uncommon Service: How to Win by Putting Customers at the Core of Your Business* (Boston: Harvard Business Review Press, 2012).

15. Ryan W. Buell, Robert S. Huckman e Sam Travers, "Improving Access at VA", Case 617-012, (Harvard Business School, Boston, novembro de 2016 [rev. agosto de 2020]).

16. Elizabeth A. Harris, "How Barnes & Noble Went from Villain to Hero", *New York Times*, 15 de abril de 2022, https://www.nytimes.com/2022/04/15/arts/barnes-noble-bookstores.html.

17. "Neither Entitled nor Titled: Why We Have No Titles at Gusto", release de imprensa, site da Gusto, 28 março de 2016, https://gusto.com/company-news/why-we-have-no-titles.

18. *Idem.*

19. Ryan Roslansky, "LinkedIn CEO Ryan Roslansky: 'Your Next Best Employee Is Most Likely Your Current Employee'", *Fortune*, 20 de março de 2023, https://fortune.com/2023/03/20/linkedin-ceo-ryan-roslansky-best-employee-careers-leadership-tech/.

20. Matthew Bidwell, "Paying More to Get Less: Specific Skills, Matching, and the Effects of External Hiring versus Internal Promotion", *Administrative Science Quarterly* 56, n. 3 (2011): p. 369–407.

21. Michael P. Jeffries, "The Remarkable Rise of Tiffany Haddish", *Atlantic*, 7 de setembro de 2017, https://www.theatlantic.com/entertainment/archive/2017/09/the-remarkable-rise-of-tiffany-haddish/538872/.

22. Claire Hughes Johnson, *Scaling People: Tactics for Management and Company Building* (São Francisco: Stripe Press, 2023).

23. Frei e Morriss, *Unleashed.*

24. Nossos colegas da HBS fizeram um trabalho maravilhoso sobre o impacto das demissões. Este é um ótimo lugar para começar: Sandra J. Sucher e Shalene Gupta, "Layoffs That Don't Break Your Company", *Harvard Business Review*, maio–junho de 2018.

25. Kolhatkar, "At Uber, a New C.E.O. Shifts Gears"; Khosrowshahi, "A New Future for Uber and Grab in Southeast Asia".

26. Gloria Steinem, *My Life on the Road* (Nova York: Random House, 2015).

27. Hamdi Ulukaya, "The Anti-CEO Playbook", palestra na TED, abril de 2019.

28. "Patagonia's Next Chapter: Earth Is Now Our Only Shareholder", release de imprensa, site da Patagonia, 14 de setembro de 2022, https://www.patagoniaworks.com/press/2022/9/14/patagonias-next-chapter-earth-is-now-our-only-shareholder.

29. Harris Insights & Analytics, "2022 Axios Harris Poll 100", apresentação em PowerPoint, 2022.

30. Lauren Aratani, "'We've Lost the Right to Be Pessimistic': Patagonia Treads Fine Line Tackling Climate Crisis as For-Profit Company", *Guardian*, 12 de março de 2023, https://www.theguardian.com/business/2023/mar/12/patagonia-climate-crisis-for-profit-company; Shelley E. Kohan, "Patagonia's Bold Move Shakes Up the Ideas of Capitalism and Consumerism", *Forbes*, 15 de setembro de 2022, https://www.forbes.com/sites/shelleykohan/2022/09/15/patagonias-bold-move-shakes-up-the-ideas-of--capitalism-and-consumerism/?sh=121bab624518.

31. Ele facilitou isso ao escrever um livro fantástico, *Let My People Go Surfing: The Education of a Reluctant Businessman* (Nova York: Penguin Books, 2006).

32. Sara Fischer, "Tech Firms' Big Trust Gap", Axios, 25 de maio de 2022, https://www.axios.com/2022/05/25/tech-firms-big-trust-gap-harris-reputation-survey; Jeff Horwitz, "Facebook Says Its Rules Apply to All. Company Documents Reveal a Secret Elite That's Exempt", *Wall Street Journal*, 13 de setembro de 2021, https://www.wsj.com/articles/facebook-files-xcheck-zuckerberg-elite-rules-11631541353?mod=hp_lead_pos7.

33. Michael Bartiromo e Nexstar Media Wire, "Airline Passenger Claims United Was 'Lying' about Lost Luggage after AirTag Showed It at 'Mystery' Building", *Hill*, 3 de janeiro de 2023, https://thehill.com/homenews/nexstar_media_wire/3796854-airline-passenger-claims-united-was-lying-about-lost-luggage-after-airtag-showed-it-at-mystery-building/.

CAPÍTULO 3

1. Henrik Bresman e Amy C. Edmondson, "Research: To Excel, Diverse Teams Need Psychological Safety", *Harvard Business Review*, 17 de março de 2022, https://hbr.org/2022/03/research-to-excel-diverse-teams-need-psychological-safety.

2. Kara Swisher, "There Is a Reason Tech Isn't Safe", *New York Times*, 13 de dezembro de 2019, https://www.nytimes.com/2019/12/13/opinion/uber-silicon-valley.html.

3. David Gigone e Reid Hastie, "The Common Knowledge Effect: Information Sharing and Group Judgment", *Journal of Personality and Social Psychology* 65, n. 5 (1993): 959–974, doi: 10.1037/0022-3514.65.5.959.

4. Randall S. Peterson e Heidi K. Gardner, "Is Your Board Inclusive—or Just Diverse?" *Harvard Business Review*, 28 de setembro de 2022, https://hbr.org/2022/09/is-your-board-inclusive-or-just-diverse.

5. Starbucks, "'I Want People to Feel Like They Belong': Starbucks I&D Chief Dennis Brockman Focuses on Ultimate Goal", https://stories.starbucks.com/stories/2022/starbucks-i-and-d-chief-dennis-brockman-focuses-on-ultimate-goal/.

6. Robert Reiss, "I Asked the World's Top CEOs if They're Taking Diversity Seriously. Here's Why Their Answers Could Change Your Life", *Fortune*, 23 de novembro de 2022, https://fortune.com/2022/11/23/world-top-ceos-diversity-seriously-careers-workplace-leadership-robert-reiss/.

7. Sylvia Ann Hewlett e Kenji Yoshino, "LGBT-Inclusive Companies Are Better at 3 Big Things", *Harvard Business Review*, 2 de fevereiro de 2016, https://hbr.org/2016/02/lgbt-inclusive-companies-are-better-at-3-big-things; "What Job Seekers Really Think about Your Diversity and Inclusion Stats", Glassdoor for Employers, 12 de julho de 2021, https://www.glassdoor.com/employers/blog/diversity/; Jennifer Miller, "For Younger Job Seekers, Diversity and Inclusion in the Workplace Aren't a Preference. They're a Requirement", *Washington Post*, 18 de fevereiro de 2021, https://www.washingtonpost.com/business/2021/02/18/millennial-genz-workplace-diversity-equity-inclusion/.

8. Karen Brown, "To Retain Employees, Focus on Inclusion-Not Just Diversity", *Harvard Business Review Digital Articles,* 4 de dezembro de 2018, https://hbr.org/2018/12/to-retain-employees-focus-on-inclusion-not-just-diversity; Jonathan S. Leonard e David I. Levine, "The Effect of Diversity on Turnover: A Large Case Study", *ILR Review* 59, n. 4 (2006): 547–572; SHRM Foundation, "Why Hire a Vet? The Business Case for Hiring Military Veterans", 2017, https://www.shrm.org/foundation/ourwork/initiatives/engaging-and-integrating-military-veterans/Documents/13056-G-01_SHRMF_WhyHireVet.pdf.

9. Josh Bersin, "Why Diversity and Inclusion Will Be a Top Priority for 2016", *Forbes*, 6 de dezembro de 2015, https://www.forbes.com/sites/joshbersin/2015/12/06/why-diversity-and-inclusion-will-be-a-top-priority-for-2016/?sh=5b608aa32ed5.

10. David Rock e Heidi Grant, "Why Diverse Teams Are Smarter", artigos digitais da *Harvard Business Review*, 4 de novembro de 2016, https://hbr.org/2016/11/why-diverse-teams-are-smarter.

11. Mursal Hedayat, "Diversity in the Workplace Is Now More Critical Than Ever", *Forbes*, 24 de junho de 2020, https://www.forbes.com/sites/mursalhedayat/2020/06/24/diversity-in-the-workplace-is-now-more-critical-than-ever/?sh=17b015ad60aa.

12. Sylvia Ann Hewlett, Melinda Marshall e Laura Sherbin, "How Diversity Can Drive Innovation", *Harvard Business Review*, dezembro de 2013.

13. David A. Thomas, "Diversity as Strategy", *Harvard Business Review*, setembro de 2004.

14. Accenture, AAPD e Disability:IN, "Getting to Equal: The Disability Inclusion Advantage", 2018, https://www.accenture.com/content/dam/accenture/final/a-com-migration/pdf/pdf-89/accenture-disability-inclusion-research-report.pdf.

15. Corinne Post, Boris Lokshin e Christophe Boone, "Research: Adding Women to the C-Suite Changes How Companies Think", artigos digitais da *Harvard Business Review*, 6 de abril de 2021, https://hbr.org/2021/04/research-adding-women-to-the-c-suite-changes-how-companies-think.

16. Hewlett, Marshall e Sherbin, "How Diversity Can Drive Innovation"; Rocio Lorenzo e Martin Reeves, "How and Where Diversity Drives Financial Performance", artigo digital da *Harvard Business Review*, 30 de janeiro de 2018, https://hbr.org/2018/01/how-and-where-diversity-drives-financial-performance.

17. Rock e Grant, "Why Diverse Teams Are Smarter"; Katherine W. Phillips, Katie A. Liljenquist e Margaret A. Neale, "Is the Pain Worth the Gain? The Advantages and Liabilities of Agreeing with Socially Distinct Newcomers", *Personality and Social Psychology Bulletin* 35, n. 3 (2009): 336–350.

18. Erik Larson, "New Research: Diversity + Inclusion = Better Decision Making at Work", *Forbes*, 21 de setembro de 2017, https://www.forbes.com/sites/eriklarson/2017/09/21/new-research-diversity-inclusion-better-decision-making-at-work/?sh=2b18fba94cbf.

19. Alexa A. Perryman, Guy D. Fernando e Arindam Tripathy, "Do Gender Differences Persist? An Examination of Gender Diversity on Firm Performance, Risk, and Executive Compensation", *Journal of Business Research* 69, n. 2 (fevereiro de 2016): 579–586; Corinne Post, Boris Lokshin e Christophe Boone, "What Changes after Women Enter Top Management Teams? A Gender-Based Model of Strategic Renewal", *Academy of Management Journal* 65, n. 1 (16 de fevereiro de 2022), https://doi.org/10.5465/amj.2018.1039.

20. Paul Gompers e Silpa Kovvali, "The Other Diversity Dividend", *Harvard Business Review*, julho–agosto de 2018; "Yes, Investors Care about Gender Diversity", Kellogg Insight, 2 de março de 2020, https://insight.kellogg.northwestern.edu/article/women-in-tech-finance-gender-diversity-investors; Catalyst, "The Bottom Line: Connecting Corporate Performance and Gender Diversity", 2004, https://www.catalyst.org/wp-content/uploads/2019/01/The_Bottom_Line_Connecting_Corporate_Performance_and_Gender_Diversity.pdf.

21. Stephen Scott e Amy Edmondson, "Unlocking Diversity's Promise: Psychological Safety, Trust and Inclusion", *Reuters*, 13 de abril de 2021, https://www.reuters.com/article/bc-finreg-unlocking-diversity-inclusion/unlocking-diversitys-promise-psychological-safety-trust-and-inclusion-idUSKBN2C01N2.

22. McKinsey & Company, "Diversity Wins: Inclusion Matters", 2020, https://www.mckinsey.com/~/media/mckinsey/featured%20insights/diversity%20

and%20inclusion/diversity%20wins%20how%20inclusion%20matters/diversity-wins-how-inclusion-matters-vf.pdf; American Sociological Association, "Diversity Linked to Increased Sales Revenue and Profits, More Customers", ScienceDaily, 3 de abril de 2009, https://www.sciencedaily.com/releases/2009/03/090331091252.htm; Credit Suisse Research Institute, "The Credit Suisse Gender 3000 in 2021: Broadening the Diversity Discussion", 2021, https://www.credit-suisse.com/media/assets/corporate/docs/about-us/research/publications/csri-2021-gender-3000.pdf.

23. National Sexual Violence Resource Center, "False Reporting", 2012, https://www.nsvrc.org/sites/default/files/2012-03/Publications_NSVRC_Overview_False-Reporting.pdf.

24. Chai R. Feldblum e Victoria A. Lipnic, "Select Task Force on the Study of Harassment in the Workplace", US Equal Employment Opportunity Commission, junho de 2016, https://www.eeoc.gov/select-task-force-study-harassment-workplace#_Toc453686298; National Sexual Violence Resource Center, "False Reporting".

25. Feldblum e Lipnic, "Select Task Force on the Study of Harassment in the Workplace".

26. Tina Opie e Beth A. Livingston, *Shared Sisterhood: How to Take Collective Action for Racial and Gender Equity at Work* (Boston: Harvard Business Review Press, 2022).

27. Michael Housman e Dylan Minor, "Toxic Workers", documento de pesquisa da HBS n. 16-057 (Boston: Harvard Business School Publishing, 2015), https://www.hbs.edu/ris/Publication%20Files/16-057_d45c0b4f-fa19-49de-8f1b-4b12fe054fea.pdf.

28. Bresman e Edmondson, "Research".

29. Charles Duhigg, "What Google Learned from Its Quest to Build the Perfect Team", *New York Times Magazine*, 25 de fevereiro de 2016, https://www.nytimes.com/2016/02/28/magazine/what-google-learned-from-its-quest-to-build-the-perfect-team.html.

30. Julia Rozovksy, "The Five Keys to a Successful Google Team", re:Work, 17 de novembro de 2015, https://rework.withgoogle.com/blog/five-keys-to-a-successful-google-team/.

31. Bresman e Edmondson, "Research".

32. Workhuman, "How to Build Psychological Safety", julho de 2021, https://www.workhuman.com/resources/research-reports/how-to-build-psychological-safety.

33. Ruchika Tulshyan, "Why Is It So Hard to Speak Up at Work?", *New York Times*, 15 de março de 2021, https://www.nytimes.com/2021/03/15/us/workplace-psychological-safety.html.

34. Catalyst, "The Impact of Covid-19 on Workplace Inclusion: Survey", 15 de julho de 2020, https://www.catalyst.org/research/workplace-inclusion-covid-19/.

35. Amy C. Edmonson, *The Fearless Organization: Creating Psychological Safety in the Workplace for Learning, Innovation, and Growth* (Hoboken, NJ: John Wiley & Sons, 2018).

36. Gitlab, "Psychological Safety", https://about.gitlab.com/handbook/leadership/emotional-intelligence/psychological-safety/#additional-resources.

37. Frances Frei e Anne Morriss, *Unleashed: The Unapologetic Leader's Guide to Empowering Everyone Around You* (Boston: Harvard Business Review Press, 2020).

38. *Idem.*

39. *Idem.*

40. Amy Elisa Jackson, "Why Salesforce's New Equality Chief Is Thinking Beyond Diversity", *Fast Company*, 20 de março de 2017, https://www.fastcompany.com/3069082/why-salesforces-new-equality-chief-is-thinking-beyond-diversity.

41. Rosalind Chow, "Don't Just Mentor Women and People of Color. Sponsor Them", artigo digital da *Harvard Business Review*, 30 de junho de 2021, https://hbr.org/2021/06/dont-just-mentor-women-and-people-of-color-sponsor-them.

42. Dois livros aos quais sempre voltamos em busca de inspiração e sabedoria para construir uma cultura de inclusão são: *DEI Deconstructed: YourNo-Nonsense Guide to Doing the Work and Doing It Right* (Oakland, CA: Berrett-Koehler Publishers, 2022) de Lily Zheng e *Inclusion on Purpose: An Intersectional Approach to Creating a Culture of Belonging at Work* (Cambridge: MIT Press, 2022) de Ruchika Tulshyan.

43. Francesca Gino *et al.*, "Leaders Reflect on Diversity, Equity, and Inclusion", HBS Multimedia Courseware n. 923–701 (Boston: Harvard Business School Publishing, 2022).

44. Gino *et al.*, "Leaders Reflect on Diversity, Equity, and Inclusion".

45. E. Annie Proulx, *The Shipping News* (Nova York: Scribner Classics, 1994).

46. Aprendemos demais com a grande Byron Katie, que nos levou a questionar *todas* as histórias, não apenas as primitivas. O exercício das *Quatro Perguntas Essenciais* de Katie leva você até o ponto da libertação: Quem eu seria sem essa história?

47. Anne Morriss, Robin J. Ely e Frances Frei, "Managing Yourself: Stop Holding Yourself Back", *Harvard Business Review*, janeiro–fevereiro de 2011.

CAPÍTULO 4

1. Howard Gardner, *Leading Minds: An Anatomy of Leadership* (Nova York: Basic Books, 1995), p. 41.

2. Richard Feloni, "The T-Mobile CEO Who Calls His Competition 'Dumb and Dumber' Explains How He Doubled Customers in 4 Years, and How a Group of Employees Made Him Cry", *Business Insider*, 17 de outubro de 2016, https://www.businessinsider.com/t-mobile-ceo-john-legere-company-culture-2016-10.

3. Merlijn Venus, Daan Stam e Daan van Knippenberg, "Visions of Change as Visions of Continuity", *Academy of Management Journal* 62, n. 3 (junho de 2019): 667–690.

4. Valerie Strauss, "Harvard Business Dean Apologizes for Sexism on Campus", *Washington Post*, 1º de fevereiro de 2014, https://www.washingtonpost.com/news/answer-sheet/wp/2014/02/01/harvard-business-dean-apologizes-for-sexism-on-campus/.

5. "Our First Steps Forward", Riot Games, release de imprensa, 29 de agosto de 2018, https://www.riotgames.com/en/who-we-are/our-first-steps-forward.

6. Keach Hagey *et al.*, "Facebook's Pushback: Stem the Leaks, Spin the Politics, Don't Say Sorry", *Wall Street Journal*, 29 de dezembro de 2021.

7. Emma Barker, "What the Facebook Whistleblower Did to the Company's Stock in 6 Weeks", *Time*, 25 de outubro de 2021, https://time.com/6104351/facebook-stock-whistleblower/.

8. Nossa colega Rosabeth Moss Kanter escreve e pensa em liderança de mudança há décadas. Qualquer contribuição que estejamos fazendo com este livro se baseia diretamente em sua percepção e erudição.

9. Jeff Haden, "10 Years Ago, 'Cardboard' Pizza Almost Killed Domino's. Then, Domino's Did Something Brilliant", *Inc.*, 14 de janeiro de 2021, https://www.inc.com/jeff-haden/10-years-ago-cardboard-pizza-almost-killed-dominos-then-dominos-did-something-brilliant.html.

10. *Idem.*

11. Matt Higgins escreveu um *tour de force* desse conceito em seu livro best-seller *Burn the Boats: Toss Plan B Overboard and Unleash Your Full Potential* (Nova York: William Morrow, 2023).

12. Martin Neubert, "Ørsted's Renewable-Energy Transformation", entrevista de Christer Tryggestad, McKinsey, 10 de julho de 2020.

13. Ørsted, "A Business Plan for Green Transformation", anúncio online hospedado pelo *The Guardian*, https://www.theguardian.com/advertiser-content/orsted/a-business-plan-for-green-transformation, acesso em: dezembro de 2022.

14. Justin Bariso, "Amazon Has a Secret Weapon Known as 'Working Backwards'—and It Will Transform the Way You Work", *Inc.*, 16 de dezembro de 2019, https://www.inc.com/justin-bariso/amazon-uses-a-secret-process-for-launching-new-ideas-and-it-can-transform-way-you-work.html.

15. Ryan Pendell, "6 Scary Numbers for Your Organization's C-Suite", *Gallup Workplace*, 30 de outubro de 2018, https://www.gallup.com/workplace/244100/scary-numbers-organization-suite.aspx.

16. Mary Catherine Bateson, *Peripheral Visions: Learning along the Way*, 1ª ed. (Nova York: HarperCollins Publishers, 1994), p. 10.

17. "Barrier-Breaking CEO Ursula Burns Offers Her Advice about What People Need from Leaders Now", California Conference for Women, https://www.caconferenceforwomen.org/barrier-breaking-ceo-ursula-burns-offers-her-advice-about-what-people-need-from-leaders-now/.

18. "A CEO da Barrier-Breaking, Ursula Burns, oferece seu conselho".

19. Jan Carlzon, *Moments of Truth* (Cambridge, MA: Ballinger, 1987).

20. Margherita Beale, "A Fast-Selling Line of Pantry Staples Is Helping Momofuku Survive the Pandemic—and Figure Out the Future of Restaurants", *Forbes*, 12 de dezembro de 2020, https://www.forbes.com/sites/margheritabeale/2020/12/12/a-sold-out-line-of-pantry-staples-is-helping-momofuku-survive-the-pandemic-and-figure-out-the-future-of-restaurants/?sh=54c50a0b2683.

21. Elizabeth G. Dunn, "Momofuku's Secret Sauce: A 30-Year-Old C.E.O.", *New York Times*, 16 de agosto de 2019, https://www.nytimes.com/2019/08/16/business/momofuku-ceo-marguerite-mariscal.html#:~:text=Marguerite%20Zabar%20Mariscal%2C%20who%20started,they%20expand%20a%20restaurant%20empire.

22. Bryce Hoffman, "Have a Plan, Keep It Simple—and Stick to It", *Forbes*, 31 de março de 2015, https://www.forbes.com/sites/brycehoffman/2015/03/31/have-a-plan-keep-it-simple-and-stick-to-it/?sh=1bc0ab0248ff.

23. Tsedal Neeley e Paul Leonardi, "Effective Managers Say the Same Thing Twice (or More)", *Harvard Business Review*, maio de 2011.

24. Dharmesh Shah, "The Remarkable Power of Repeating Your Mission and Culture", ThinkGrowth.org, 5 de março de 2018, https://thinkgrowth.org/the-remarkable-power-of-repeating-your-mission-and-culture-984f7cc65acb.

25. Marguerite Ward, "Why Pepsico CEO Indra Nooyi Writes Letters to Her Employees' Parents", CNBC, 1 de fevereiro de 2017, https://www.cnbc.com/2017/02/01/why-pepsico-ceo-indra-nooyi-writes-letters-to-her-employees-parents.html.

26. Daniel Goleman, Richard Boyatzis e Annie McKee, "Primal Leadership: The Hidden Driver of Great Performance", *Harvard Business Review*, dezembro de 2001.

27. Brooks Holtom, Amy C. Edmondson e David Niu, "5 Tips for Communicating with Employees during a Crisis", *Harvard Business Review*, artigo digital, 9 de julho de 2020, https://hbr.org/2020/07/5-tips-for-communicating-with-employees-during-a-crisis.

28. Fomos profundamente influenciadas pelo trabalho de nossa colega Robin Ely sobre o preço que *todos* pagam em um sistema com regras e limites rígidos de gênero.

29. Youngme Moon, Frances Frei e F. Katelynn Boland, "Bringing Ideas to Life: The Story of Paul English", HBS n. 9-322-709 (Boston: Harvard Business School Publishing, 2022).

30. Ginni Rometty, *Good Power: Leading Positive Change in Our Lives, Work, and World* (Boston: Harvard Business Review Press, 2023).

31. Adia Harvey Wingfield, "Are Some Emotions Marked 'Whites Only'? Racialized Feeling Rules in Professional Workplaces", *Social Problems* 57, n. 2 (maio de 2010): 251–268.

32. Francesca Gino e Jeffrey Huizinga. "Steve Kerr: Coaching the Golden State Warriors to Joy, Compassion, Competition, and Mindfulness", Caso 921-001 (Boston: Harvard Business School Case, julho de 2020).

33. Nancy Koehn, *Forged in Crisis: The Making of Five Courageous Leaders* (Nova York: Scribner, 2017), p. 13.

CAPÍTULO 5

1. Taylor Branch, *At Canaan's Edge: America in the King Years, 1965–68* (Nova York: Simon & Schuster, 2007).

2. Martin Luther King Jr., "Beyond Vietnam: A Time to Break Silence", discurso proferido na Igreja Riverside, Nova York, NY, 4 de abril de 1967.

3. A liderança de Valle ajudou a colocar a empresa na lista "Melhores Lugares para Trabalhar" da *Newsweek*, dois anos consecutivos, com uma saudação aos esforços de DEI da empresa.

4. Amazon, "2016 Letter to Shareholders", 17 de abril de 2017, https://www.aboutamazon.com/news/company-news/2016-letter-to-shareholders.

5. Ralph Waldo Emerson, *Prudence* (Nova York e São Francisco: Morgan Shepard Company, 1906), p. 21.

6. Se você se encontrar resistindo a essa verdade essencial sobre excelência, encaminharemos você para o primeiro capítulo de *Uncommon Service*: "You Can't Be Good at Everything" (Boston: Harvard Business Review Press, 2012).

7. Frances Frei e Anne Morriss, *Unleashed: The Unapologetic Leader's Guide to Empowering Everyone Around You* (Boston: Harvard Business Review Press, 2020).

8. Este é um ótimo resumo da equipe da First Round Capital: "The 6 Decision-Making Frameworks That Help Startup Leaders Tackle Tough Calls", *The Review* (blog), https://review.firstround.com/the-6-decision-making-frameworks-that-help-startup-leaders-tackle-tough-calls.

9. Sandra J. Sucher e Stacy McManus, "Ritz-Carlton Hotel Company, The". Caso HBS 601-163 (Boston: Harvard Business School Publishing, 2001).

10. Don Yaeger, "Part II: Ritz Carlton's Schulze on Empowering Employees to Think Like Owners", *Chief Executive*, 7 de dezembro de 2022, https://chiefexecutive.net/part-ii-ritz-carltons-schulze-on-empowering-employees-to-think-like-owners/.

11. Yaeger, "Part II: Ritz Carlton's Schulze".

12. Micah Solomon, "Heroic Customer Service: When Ritz-Carlton Saved Thomas the Tank Engine", *Forbes*, 15 de janeiro de 2015, https://www.forbes.com/sites/micahsolomon/2015/01/15/the-amazing-true-story-of-the-hotel-that-saved-thomas-the-tank-engine/?sh=26859f8b230e.

13. Allan Lee, Sara Willis e Amy Wei Tan, "When Empowering Employees Works, and When It Doesn't", artigo digital da *Harvard Business Review*, 2 de março de 2018.

14. Frances Frei e Anne Morriss, *Uncommon Service: How to Win by Putting Customers at the Core of Your Business* (Boston: Harvard Business Review Press, 2012).

15. Alison Sider, "How Southwest Airlines Melted Down", *Wall Street Journal,* 28 de dezembro de 2022, https://www.wsj.com/articles/southwest-airlines-melting-down-flights-cancelled-11672257523.

16. James L. Heskett, "Southwest Airlines 2002: An Industry Under Siege", Caso 9-803-133 (Boston: Harvard Business School, 2003); e Frances Frei e Corey B. Hajim, "Rapid Rewards at Southwest Airlines", Caso 602-065 (Boston: Harvard Business School, setembro de 2001, revisado em agosto de 2004).

17. Quem nos contou essa história primeiro foi o grande Earl Sasser, professor da Baker Foundation na Harvard Business School, em dezembro de 2006. É recontada com mais detalhes em Frei e Morriss, *Uncommon Service.*

18. Michael Basch, *Customer Culture: How FedEx and Other Great Companies Put the Customer First Every Day* (Upper Saddle River, NJ: Prentice Hall PTR, 2003), p. 8.

19. *Idem.*

20. Edgar H. Schein, *Organizational Culture and Leadership* (São Francisco: Jossey-Bass, 1991).

21. Dave Barry, *Dave Barry Turns Fifty* (Nova York: Ballantine Books, 1999), p. 181.

22. Microsoft, "Hybrid Work Is Just Work. Are We Doing It Wrong?" Work Trend Index Special Report, 22 de setembro de 2022, https://www.microsoft.com/en-us/worklab/work-trend-index/hybrid-work-is-just-work; Dialpad, "The State of Video Conferencing 2022", *Dialpad* (blog), dialpad.com/blog/video-conferencing-report/.

23. Korn Ferry, "Working or Wasting Time?" *Korn Ferry* (blog), 13 de novembro de 2019, https://www.kornferry.com/about-us/press/working-or-wasting-time; Doodle, "The Doodle State of Meetings Report 2019", https://assets.ctfassets.net/p24lh3qexxeo/axrPjsBSD1bLp2HYEqoij/d2f08c2aaf5a6ed80ee53b5ad7631494/Meeting_Report_2019.pdf.

24. Claire Hughes Johnson, *Scaling People: Tactics for Management and Company Building* (São Francisco: Stripe Press, 2023), p. 382–390.

25. Frances Frei e Anne Morriss, *Fixable*, 30 de abril de 2023, podcast, TED Audio Collective, https://www.ted.com/podcasts/fixable.

26. *Idem.*

27. Adam Bryant, "How to Run a More Effective Meeting", *New York Times*, https://www.nytimes.com/guides/business/how-to-run-an-effective-meeting.

28. Priya Parker, "Find Your Lighthouses", *The Art of Gathering* (blog), 27 de outubro de 2021, https://mailchi.mp/priyaparker/a-hosting-game-changer?e=7a0653eaa8.

29. Priya Parker, *The Art of Gathering: How We Meet and Why It Matters* (Nova York: Riverhead Books, 2018), p. 3.

30. J. D. C. Little, "A Proof for the Queuing Formula: L = a?W", *Operations Research* 9, n. 3 (1961): 383–387.

31. Phil Wahba, "Crafting a Comeback at Etsy", *Fortune*, 25 de julho de 2019, https://fortune.com/2019/07/25/etsy-ecommerce-growth-strategies/.

32. Wahba, "Crafting a Comeback at Etsy".

33. David Gelles, "Inside the Revolution at Etsy", *New York Times*, 25 de novembro de 2017, https://www.nytimes.com/2017/11/25/business/etsy-josh-silverman.html.

34. Gelles, "Inside the Revolution at Etsy".

35. Mike Beedle *et al.*, "Manifesto for Agile Software Development", http://agilemanifesto.org.

36. Amy C. Edmondson e Ranjay Gulati, "Agility Hacks", *Harvard Business Review*, novembro–dezembro de 2021.

37. Também encorajamos você a ler *The Lean Startup*, de Eric Reiss (Nova York: Crown Business, 2011), independentemente do estágio da sua empresa. O trabalho de Reiss demonstra o poder de uma mentalidade de produto mínimo viável (MVP), mesmo que você não esteja no negócio de software.

38. Edmondson e Gulati, "Agility Hacks".

39. *Idem.*

40. Francesca Gino, "Managing a Polarized Workforce", *Harvard Business Review*, março–abril de 2022.

41. Liane Davey, "An Exercise to Help Your Team Feel More Comfortable with Conflict", artigo digital da *Harvard Business Review*, 14 de março de 2019, https://hbr.org/2019/03/an-exercise-to-help-your-team-feel-more-comfortable-with-conflict.

42. Kerry Patterson, Joseph Grenny, Ron McMillan e Al Switzler, *Crucial Conversations: Tools for Talking When Stakes Are High* (Nova York: McGraw-Hill, 2002).

43. Kim Scott seguiu *Radical Candor: How to Get What You Want by Saying What You Mean* (Nova York: St. Martin's Press, 2017) com *Just Work: How to Root Out Bias, Prejudice, and Bullying to Build a Kick-Ass Culture of Inclusivity* (Nova York: St. Martin's Publishing Group, 2021), onde ela explora o poder *de todos nós* trabalhando em nome de *cada um de nós*.

44. Chris Argyris, "Making the Undiscussable and Its Undiscussability Discussable", *Public Administration Review* 40, n. 3 (1980): p. 205–213.

45. Jeff Weiss e Jonathan Hughes, "Want Collaboration? Accept—and Actively Manage—Conflict", *Harvard Business Review*, março de 2005.

46. Erin Meyer, "When Culture Doesn't Translate", *Harvard Business Review*, outubro de 2015.

47. Matt Trombley, "The Beauty and Complexity of Finding Common Ground", discurso proferido na Ted Conference, junho de 2020.

48. Atif Masood Chaudhry e Rehman Asif, "Organizational Conflict and Conflict Management: A Synthesis of Literature", *Journal of Business and Management Research* 9 (2015): 238–244.

49. Karen A. Jehn e Elizabeth A. Mannix, "The Dynamic Nature of Conflict: A Longitudinal Study of Intragroup Conflict and Group Performance", *Academy of Management Journal* 44, n. 2 (abr. 2001): 238–251.

50. Linda A. Hill *et al.*, *Collective Genius: The Art and Practice of Leading Innovation* (Boston: Harvard Business Review Press, 2014).

51. Amanda Ripley, "These Radically Simple Changes Helped Lawmakers Actually Get Things Done", editorial, *Washington Post,* 9 de fevereiro de 2023, https://www.washingtonpost.com/opinions/2023/02/09/house-modernization-committee-bipartisan-collaboration-lessons/.

52. Chris Cioffi, "They Tried to Modernize Congress. Now Time Is Running Out", *Roll Call*, 13 de setembro de 2022, https://rollcall.com/2022/09/13/tried-to-modernize-congress-now-time-running-out/.

53. Ripley, "These Radically Simple Changes".

CONCLUSÃO

1. Jim Loehr e Tony Schwartz, "The Making of the Corporate Athlete", *Harvard Business Review*, janeiro de 2001.

2. Arianna Huffington, *Thrive: The Third Metric to Redefining Success and Creating a Life of Well-Being, Wisdom, and Wonder* (Nova York: Harmony Books, 2014).

3. Tricia Hersey, *Rest Is Resistance: A Manifesto* (Nova York: Little, Brown Spark, 2022).

4. Mary Oliver, "Have You Ever Tried to Enter the Long Black Branches?" *West Wind: Poems and Prose Poems* (Boston: Mariner Books, 1998), p. 61.

ÍNDICE

P

Q

R

S

T

V

INFORMAÇÕES RELEVANTES

Muitos dos insights e exemplos que usamos são derivados de nossas experiências de trabalho com organizações específicas. Tanto individualmente quanto em associação com empresas que fundamos, incluindo The Morriss Group, assessoramos ativamente muitas das empresas deste livro, incluindo Uber, Riot Games e WeWork. Além disso, Frances lecionou extensivamente no programa de Educação Executiva da Harvard Business School e em ambientes de educação executiva privada, onde teve contato com líderes de muitas das empresas que discutimos. Finalmente, algumas das empresas que mencionamos são clientes do The Leadership Consortium (TLC), uma organização que começamos e onde Anne atualmente atua como fundadora executiva. Essas empresas enviaram líderes de alto potencial por meio do Programa de Líderes da TLC, que se concentra principalmente em ajudar mulheres e pessoas não brancas a se prepararem para cargos de liderança sênior.

AGRADECIMENTOS

Primeiro, agradecemos aos nossos leitores, que optaram por suspender a descrença e ceder a uma premissa que parece absurda em sua superfície: problemas difíceis podem ser resolvidos rapidamente e às vezes com uma única conversa corajosa. Esperamos ter honrado seu salto de fé. E para aqueles que chegaram até aqui e estão reservando um tempo para ler essas frases, saibam que os vemos como um tipo especial de guerreiro dos livros.

Somos profundamente gratas pelo talento e trabalho árduo de Dana Teppert, nossa intrépida parceira de pesquisa. Embora seu título oficial seja Pesquisadora Sênior, uma descrição mais precisa seria Maga de Pesquisa Sênior ou Gênia de Pesquisa Sênior. Dana tornou este livro melhor de inúmeras maneiras.

Também queremos agradecer a Natasha Carr, nossa principal colaboradora em transformar ideias ambiciosas em coisas que têm uma chance real de acontecer no mundo. Essas "coisas" incluem, mas não se limitam a este livro. Sem Natasha, o mundo receberia muito pouco de nós.

À excelente equipe da Harvard Business Review Press, que acreditou neste livro desde o início. Somos particularmente gratas a Melinda Merino, nossa incrível editora, que tem sido uma parceira fantástica e defensora dessas ideias, mesmo quando sumimos para resolver problemas por mais de uma semana. Reconhecemos que ultrapassamos os limites de sermos rápidas e consertar as coisas.

Nossos primeiros leitores e parceiros de pensamento fizeram uma contribuição significativa para este livro. Aqui incluímos Emmy Berning, Drew Dixon, Hilary Frei, Corey Hajim, Claire Hughes Johnson, Sonia Nijhawan Mehra, Megan McTiernan, Lexi Reese, Cara Shortsleeve e Thomas Wedell-Wedellsborg. É emocionante citar esses nomes formidáveis em uma única frase, e simplesmente dizer que não há nada que esse exército de pensadores e agentes de mudança não possa fazer.

Nossos amigos e colegas da Harvard Business School estão nessa aventura conosco há décadas, tanto pessoal quanto profissionalmente. Somos particularmente gratas pela amizade, liderança e coragem intelectual de Ryan Buell, Amy Edmondson, Caroline Elkins, Hise Gibson, Francesca Gino, Karim Lakhani, Youngme Moon, Das Naryandas e Tsedal Neeley. Sempre que possível, tentamos honrar a maneira como suas ideias nos moldaram — uma tarefa impossível, dada sua influência irreprimível.

Somos gratas aos nossos amados filhos, Alec e Ben, que nos aplaudiram ao longo da escrita deste livro. Amamos vocês, para sempre, sem limites ou condições. Compartilhamos o privilégio de criar nossos filhos com pessoas maravilhosas que nos possibilitam ser mães e também ativas no mundo. Angella Ramkhelawan e Kimberly Wick, não poderíamos fazer nada disso sem vocês.

Finalmente, a todos os consertadores extraordinários que nos ensinaram o que sabemos, apenas alguns dos quais chegaram a essas páginas. Obrigado por sua coragem, sabedoria e vontade de compartilhar seu caminho de liderança conosco. Não gostaríamos de estar em nenhum lugar diferente deste que ocupamos.

SOBRE AS AUTORAS

Frances Frei é professora da Harvard Business School. Sua pesquisa investiga como os líderes criam o contexto para que as organizações e os indivíduos prosperem, projetando para a excelência em estratégia, operações e cultura. Frances trabalha regularmente com empresas que embarcam em mudanças e transformações organizacionais em larga escala, incluindo a adoção da diversidade e da inclusão como uma alavanca para melhorar o desempenho. Em 2017, ela atuou como primeira vice-presidente sênior de liderança e estratégia da Uber para ajudar a empresa a lidar com sua crise pública de liderança e cultura.

Anne Morriss é empreendedora, coach de liderança e fundadora do The Leadership Consortium, um acelerador de liderança pioneiro que trabalha para ajudar mulheres e pessoas não brancas a se prepararem para cargos de liderança sênior. Ela passou os últimos vinte anos construindo e liderando empresas orientadas por missões. Anne trabalhou com organizações e governos em todo o mundo em liderança, cultura e mudança transformacional. Seus colaboradores variaram de fundadores de tecnologia em estágio inicial a líderes do setor público que trabalham para construir competitividade nacional.

Anne e Frances também são as autoras de *Uncommon Service: How to Win by Putting Customers at the Core of Your Business* e *Unleashed: The Unapologetic Leader's Guide to Empowering Everyone Around You.* Elas são apresentadoras do *Fixable*, um podcast de conselhos de liderança do TED Audio Collective, e a Thinkers50 as inseriu no rol de pensadoras empresariais mais influentes do mundo.

Você pode saber mais sobre o trabalho delas em anneandfrances.com. (conteúdo em inglês).

Este livro foi impresso nas oficinas gráficas da Editora Vozes Ltda.,
Rua Frei Luís, 100 – Petrópolis, RJ.